Adriano Guilherme de Aro Ferreira

FIDELIDADE PARTIDÁRIA NO BRASIL

Adriano Guilherme de Aro Ferreira

FIDELIDADE PARTIDÁRIA NO BRASIL

Del Rey
editora

Belo Horizonte
2018

Impresso no Brasil | Printed in Brazil

EDITORA DEL REY LTDA
www.livrariadelrey.com.br

Editor: Arnaldo Oliveira

Editor Adjunto: Ricardo A. Malheiros Fiuza

Editora Assistente: Sirlene Santos Simões

Diagramação: Alfstudio

Revisão: Mariana Gabriela Rodrigues de Souza

Capa: Alfstudio

Editora
Rua dos Goitacases, 71 – Loja 24A – Centro
Belo Horizonte-MG – CEP 30190-909
Comercial:
Tel.: (31) 3293 8233
vendas@editoradelrey.com.br
Editorial:
editorial@editoradelrey.com.br

F383f

Ferreira, Adriano Guilherme de Aro.
F383f Fidelidade partidária no Brasil / Adriano Guilherme de Aro Ferreira. – Belo Horizonte: Del Rey, 2018.
xviii, 132 p. – Inclui bibliografia.

ISBN: 978-85-384-0529-0

1. Partidos políticos – Brasil 2. Democracia – Brasil
3. Governo representativo e representação – Brasil. I. Título.

CDU(1976) 329(81)

Ficha catalográfica elaborada pela bibliotecária Meire Luciane Lorena Queiroz CRB6/2233.

"Algumas pessoas mudam de
partido em defesa de seus princípios.
Outros mudam de princípios em
defesa de seu partido."

Sir Winston L. S. Churchill

Aos meus pais, Marli e José Guilherme,
exemplos de fortaleza, luta e perseverança.

Aos meus tios Márcia e Eduardo, suporte
incondicional nos momentos mais difíceis.

Ao meu irmão Marcelo, que me possibilitou
o convívio no ambiente parlamentar.

À minha esposa Virgínia e aos meus três
filhos, Catarina, Leonardo e Teresa, presentes
de Deus e o meu maior tesouro.

LISTA DE SIGLAS E ABREVIATURAS

ADI - Ação Direta de Inconstitucionalidade
Agr - Agravo
Art. - Artigo
CR - Constituição da República
EC - Emenda Constitucional
MS - Mandado de Segurança
PEC - Projeto de Emenda à Constituição
RES - Resolução
STF - Supremo Tribunal Federal
TSE - Tribunal Superior Eleitoral

SUMÁRIO

NOTA DO AUTOR

O pensamento contratualista dos séculos XVI e XVII possibilitou uma concepção de Estado ligada à ideia de um Contrato Social, mediante o qual os homens se reúnem por livre vontade para assegurar sua sobrevivência e alguns direitos básicos: vida, propriedade e liberdade. Esse modelo propôs a limitação do poder estatal como mecanismo garantidor dos direitos fundamentais do homem, libertando os cidadãos das intempéries do monarca absoluto.

Isso permitiu o surgimento e sedimentação das bases do Estado Democrático de Direito, que pressupõe a legalidade, a separação dos poderes, a afirmação dos direitos fundamentais e a juridificação da política. Esse novo modelo buscou incluir o cidadão na vida pública e política da nação, consagrando-o como verdadeira fonte do poder estatal. Graças ao sistema representativo, que nasce pautado na ideia de delegação de poderes, foi possível que a população conferisse a um pequeno grupo de cidadãos eleitos a prerrogativa de estabelecer as políticas e diretrizes que norteiam a sociedade, viabilizando a administração estatal.

O constituinte brasileiro de 1988 adotou esse modelo de Estado Democrático de Direito, estabelecendo como objetivos fundamentais da República construir uma sociedade livre, justa e solidária. Assim, acolheu um modelo de cidadania ativa e responsável, onde os cidadãos não são meros destinatários das normas, mas sim verdadeiros coautores de um projeto comum de vida e sociedade.

Neste sentido, para assentar as bases democráticas desse Estado, o legislador optou por recorrer a órgãos intermediários, aos quais confiou a função de mediar o diálogo entre o povo e o Estado. Desta forma, recepcionou os partidos políticos como instrumento democrático, reconhecendo-os como pessoas jurídicas de direito privado dotadas de função pública, outorgando-lhes o ônus de reunir as aspirações populares e transformá-las em propostas e programas concretos de governo, colocando em marcha o processo democrático. Assim, confiou-se a essas legendas o monopólio das candidaturas, conforme art. 14, §3º, V, CR/88, revestindo o mandato parlamentar de um contorno peculiar: reflexo da união dos esforços empreendidos pelo partido político e pelo candidato. Essa peculiaridade impõe que o exercício do mandato seja pautado pelo princípio da fidelidade partidária.

Todavia, em que pese a escolha de um modelo democrático e participativo, que objetiva garantir a representatividade da população, o que se verifica atualmente é a insatisfação do povo com a representação política. Tal fato tornou-se mais evidente com as denominadas "Jornadas de Junho"[1] de 2013, quando as pessoas saíram às ruas clamando por reformas, dentre elas, a política. Naquela oportunidade, não houve a convocação da população por órgãos da sociedade civil organizada, tampouco mobilização por parte dos meios de comunicação, mas tratou-se de um movimento autônomo e livre, dos próprios cidadãos. As manifestações foram organizadas nas redes sociais, sem vinculação a um determinado líder.

Após os eventos de 2013, o país passou por dois processos eleitorais (2014 e 2016), intercalados pelo afastamento e prisão do Presidente da Câmara dos Deputados (Eduardo Cunha) e pelo impeachment da Presidente da República (Dilma Rousseff). A nação também acompanhou, estarrecida, os desdobramentos da operação Lava-Jato, que acarretou a prisão de vários parlamentares, grandes empresários e do ex-presidente Luís Inácio Lula da Silva. Tais episódios colocaram em evidência, assim, a necessidade de reforma do sistema político, surgindo várias propostas como a alteração do modelo de eleição proporcional, a possibilidade de candidaturas avulsas, o financiamento público de campanhas e a redução do número de partidos políticos.

Dentre os motivos que embasam a reivindicação por reformas está a insatisfação dos eleitores quanto a falta de coerência dos eleitos e a ausência de compromisso com a ideologia do partido. O passado recente corrobora essa assertiva, uma vez que a troca de parlamentares entre as mais diversas e opostas

---

1 Walber de Moura Agra aponta que o movimento foi desencadeado pelo aumento do preço das passagens do transporte público, ao qual se somaram várias outras demandas. Todavia, o autor aponta que, ao final, foi possível constatar a insatisfação com a representação política: "Contudo, como denominador comum pode-se indicar a descrença nos rumos da democracia brasileira, em que os representantes eleitos não guardam maiores vínculos com a vontade da população." (AGRA, 2014, p. 671-672).

legendas foi comum, evidenciando a ausência de vínculos fortes com um projeto de governo. Desta forma, sobressai a fragilidade do atual sistema e seu arcabouço normativo, que não são capazes de proteger a vontade soberana dos eleitores. Contudo, não há consenso quanto à causa do resultado indesejado, se atrelada à legislação vigente ou apenas aos princípios morais dos eleitos. Resta saber se a prática não fere a efetivação dos direitos fundamentais preconizados pelo texto constitucional, em especial a soberania popular, exercida pelo mandatário eleito, por meio de seus votos, posicionamentos e manifestações.

Nesse contexto, a presente obra investiga as origens, evolução e função dos partidos políticos à luz do Estado Democrático de Direito, tecendo uma breve reflexão sobre a natureza e finalidade do mandato e sua relação com o povo soberano. O propósito é compreender as particularidades do sistema representativo brasileiro, um dos pilares da nossa democracia.

Isso porque o argumento da falta de representatividade chama atenção em um país que adota um modelo democrático de governo, com eleições livres, periódicas e direitas. Levanta dúvidas sobre a eficácia do sistema político e, principalmente, sobre o atual modelo representativo: reflexo da união entre partidos políticos e candidatos. Por qual motivo a população não se sente representada? Não é o cidadão quem escolhe o mandatário? O problema reside na falta de comprometimento com as propostas de campanha ou na falta de identidade com o conteúdo ideológico e programático das legendas? A democracia erigida sob o primado dos partidos políticos é eficaz para traduzir os anseios da população em um projeto claro e prático de governo?

Por sua vez, a legislação brasileira estabelece que a infidelidade partidária é causa de perda do mandato do parlamentar, competindo à Justiça Eleitoral designar o sucessor do mandatário destituído, observando-se a ordem de suplência resultante das urnas. Entretanto, resta saber se a diretriz vem sendo observada e aplicada pelos tribunais. Qual é a concepção que se tem da fidelidade partidária? Quais são as consequências para a adoção de uma conduta infiel? Tais questões demandam análise do atual sistema eleitoral brasileiro, suas características e particularidades. O presente livro busca detectar a importância da fidelidade partidária no Estado Democrático de Direito brasileiro, especialmente a relação entre povo, eleito e partido político. O modelo atual impõe unidade entre partidos e candidatos, conferindo coerência e eficácia à vontade soberana do povo?

Adriano Guilherme de Aro Ferreira

PREFÁCIO

Em boa hora, a Editora Del Rey nos brinda com a publicação da obra do jovem advogado e jurista Adriano Aro, com o título " Fidelidade Partidária no Brasil".

Neste exato momento, o Brasil atravessa grave crise política, ética, econômica e social, cuja origem, sem dúvida, tem raízes no nosso modelo político vigente, envolvendo o sistema eleitoral, o financiamento nas eleições, o quadro partidário, dentre outros temas. Deste modo, tem se dito, e com razão, que a retomada do desenvolvimento no país depende, e muito, de uma ampla e corajosa reforma política! E dentro desta vasta reforma, que se aguarda com ansiedade, um dos temas mais relevantes é exatamente o da fidelidade partidária...

Em sua completa obra sobre o palpitante assunto, o autor Adriano Aro analisa este instituto de direito eleitoral com exímia proficiência! Ao dispor sobre o tema, o autor aproveita para dissecar também o nosso vigente modelo representativo eleitoral, com ampla avaliação de seus pontos fortes e fracos. Ademais, o autor dedica também seu esforço no estudo dos partidos políticos, para então debruçar-se sobre a fidelidade partidária.

No Brasil, infelizmente, os partidos políticos não gozam da consideração e respeito dos eleitores, que preferem muito mais o voto no candidato do que na legenda. Esta é a nossa atual condição. No passado, ao contrário, havia maior identidade entre o político e sua agremiação partidária. Assim, nos tempos atuais, a constante troca de partidos, facilitada por uma inflação partidária, deixou de ser uma exceção para se tornar praticamente uma regra do mundo político, o que leva a fidelidade ao um patamar somente mítico...

E, sabemos que assim não pode ser em um Estado que se pretende verdadeiramente democrático. Sem partidos políticos fortes, protegidos pela fidelidade, dificilmente chegaremos a uma estabilidade política, que possa, de verdade, contribuir para a prosperidade nacional.

Deste modo, a obra que ora se edita contribui, e muito, para o debate deste importante instituto de nosso direito eleitoral. Em sua holística apreciação do tema, o Dr. Adriano Aro avalia a legislação, extremamente mutável, a doutrina, nacional e estrangeira, e a copiosa jurisprudência dos nossos tribunais superiores.

Tenho plena certeza de que se trata de obra que valoriza o assunto, sendo muito recomendável a sua leitura por todos que militam no mundo dos partidos políticos, de diversas formações profissionais e acadêmicas. Estão de parabéns o autor, que já se dedica profissionalmente a este segmento, e a Editora por trazerem a lume tão importante contribuição.

ANTONIO ANASTASIA
Senador da República
Professor da Faculdade de Direito da UFMG

1
O ADVENTO DO ESTADO DEMOCRÁTICO DE DIREITO

O Estado Democrático de Direito é fruto da evolução histórica do pensamento jurídico, político, filosófico e social da humanidade. Trata-se de um modelo que surge com a modernidade, marcado pelo racionalismo, separação entre direito e religião, laicização da cultura e dos valores, além da busca pelo progresso e pela emancipação do homem. (SAMPAIO, 2013, p. 6-7).

Nesse cenário, o sistema capitalista exerceu importante influência, na medida em que contribuiu para a migração do homem do campo para a cidade, diminuindo o poder dos senhores feudais e estimulando a importância dos grandes centros urbanos. O aumento da densidade populacional das cidades, as condições de vida de grande parcela da população e os avanços das ciências contribuíram para a eclosão da Revolução Burguesa no mundo ocidental. (PECES- BARBA MARTÍNEZ, 1987, p. 7-8).

Tais fatores possibilitaram a adoção de um constitucionalismo formal que lançou as bases do Estado moderno, cujo modelo está ligado à ideia de Constituição e encontra suas matrizes históricas em três sistemas: inglês, francês e norte-americano. Apesar das peculiaridades de cada modelo, pode-se afirmar que existem fatores comuns entre eles, como a valorização do indivíduo, a raiz contratualística e a juridificação da política para limitação do poder, como ensina Sampaio. (SAMPAIO, 2013, p. 8).

1.1 Surgimento do Estado Democrático de Direito

As revoluções do século XV geraram crise do conhecimento humano, levando à busca de novos referenciais. As Grandes Navegações, a descoberta do sistema heliocêntrico e o surgimento do protestantismo culminaram na redescoberta do indivíduo, que ganhou importância central. Aliados ao sistema capitalista e à Revolução Burguesa, tais acontecimentos deram origem a um novo referencial de homem, agora antropocêntrico, elevando a importância e dignidade do indivíduo. O sujeito passa a enxergar-se portador de direitos individuais, de caráter universal. (PECES-BARBA MARTÍNEZ, 1987, p. 7-8).

Assim, em 1651, Thomas Hobbes (1588-1679) escreveu a obra *O Leviatã*, disseminando a ideia de que fora da sociedade vive-se em estado permanente de guerra, sem lugar para desenvolvimento cultural, econômico e intelectual, mas apenas para uma "vida solitária, pobre, embrutecida e curta". O vínculo social passa a ser concebido, então, como meio para garantir a sobrevivência e o desenvolvimento do ser humano, além de assegurar sua dignidade. Nas palavras de Hobbes, "tudo o que é válido para os homens em tempo de guerra, quando uns são inimigos dos outros, o é, também, durante o tempo em que os homens vivem sem outra segurança a não ser a da própria força e da própria criatividade". (HOBBES, 2012, p. 5).

Para Branco, Hobbes desloca a origem do poder, passando do soberano para o contrato celebrado entre os indivíduos:

> Para Hobbes, o poder tem uma origem. Os indivíduos, para fugir dos riscos e das angústias do estado de natureza, decidem superá-lo. A sua doutrina se afasta do pensamento de Bodin neste passo e assume feitio contratualista. Os indivíduos, para salvar as suas vidas e preservar os seus bens, teriam instituído um poder soberano comum, que lhes deveria proteger a existência e o desfrute da propriedade a quem entregariam os seus amplos direitos, de que dispunham no estado de natureza. (BRANCO; MENDES, 2011, p. 47).

Esse pensamento é desenvolvido por expoentes do Iluminismo, dentre os quais destacam-se Locke (1632-1704), Montesquieu (1689-1755) e Rousseau (1712-1778), formando a corrente que ficou conhecida como *contratualismo*. Nas palavras de Sampaio, "os contratualistas reforçaram a ideia de um acordo entre as pessoas para estabelecer um governo limitado e necessariamente vinculado aos direitos naturais do homem". (SAMPAIO, 2013, p. 59). A limitação do poder surge como mecanismo garantidor dos direitos fundamentais do homem, não mais sujeitos às intempéries de um monarca absoluto. A esse respeito, Baracho Júnior afirma:

> A limitação do poder pelo poder tornaria possível a existência de um governo moderado, pois dessa forma, com os abusos sendo coibidos, a

> liberdade dos indivíduos estaria assegurada. Estava instituída a ideia de separação dos poderes, que se tornou alicerce dos Estados Democráticos de Direito, garantia das liberdades e direitos dos cidadãos e consagrado, praticamente, em todas as Constituições modernas. (BARACHO JÚNIOR, 2013, p. 15).

Desta forma, o pensamento contratualista ganhou adeptos na classe intelectual e respaldo em movimentos nacionais. Em 1689, na Inglaterra, os poderes do monarca passaram a ser limitados em função da *Bill of Rights*[1], inaugurando um caminho de supremacia do Parlamento sobre a Coroa. Anos mais tarde, em 12 de junho de 1776, ocorreu a aprovação da "Declaração de Direitos" na Convenção do "bom povo" da Virgínia, no continente norte-americano, sedimentando as bases da Constituição dos Estados Unidos da América (1787). Em seguida, eclodiu a Revolução Francesa (1789), que levou a Assembleia Nacional Constituinte a adotar a "Declaração dos Direitos do Homem e do Cidadão" (1789) em sua Carta política (1791). Tais documentos evidenciam que a política é absorvida e institucionalizada como direito fundamental dos novos cidadãos. Desta forma, busca-se garantir ao sujeito o acesso aos órgãos de governo do Estado. Para tanto, os direitos políticos são juridificados e erigidos à categoria de direitos fundamentais, passando a integrar o rol das garantias constitucionais. (BRANCO; MENDES, 2011, p. 48; SAMPAIO, 2013, p. 569).

Neste sentido surgem ao redor de todo o mundo Constituições (formais ou não) contendo os princípios norteadores de cada nação e o elenco dos direitos fundamentais, além da garantia de participação do povo no processo (rígido) de mudança do texto fundamental. Definitivamente, a origem do poder desloca-se da pessoa do soberano para a vontade livre do povo. Nasce, assim, o modelo de Estado Constitucional moderno. (BRANCO; MENDES, 2011, p. 49).

Inicialmente, esse Estado surge como Estado de Direito, caracterizado não apenas pela legalidade, mas também pela correlação entre a lei e seu significado.

---

1 A Bill of Rights é uma declaração de direitos, aprovada pelo parlamento inglês após o fim da Revolução Gloriosa (1688-1689), conduzida por Guilherme de Orange. O documento assegurou direitos individuais, estabeleceu a competência suprema do parlamento e limitou os poderes reais. Sampaio ensina que "previa-se, dentre outras garantias, a vedação de penas cruéis, ilegais ou desproporcionais, a legalidade tributária, o direito de petição e a liberdade de portar armas. Foram asseguradas ainda eleições parlamentares livres (sem interferência real) e a imunidade de fala e debate no parlamento". (SAMPAIO, 2013, p. 17)

Implica a limitação jurídica do poder estatal em confronto com garantias e liberdades individuais, criando um sistema no qual todos estão igualmente submetidos ao império das leis, desde o soberano até o cidadão mais simples. A relação entre Estado e indivíduo passa a reger-se pela ordem jurídica, garantindo ao ser humano mecanismos contra eventuais abusos de poder. É a consagração dos princípios da *rule of law, due processo of law, rechtstaat, principe de la légalité.* (CANOTILHO, 2003, p. 98; STRECK, 2014, p. 92).

Streck destaca, ainda, que o Estado de Direito acrescenta novo significado ao conceito de democracia:

> A democracia surge vinculada ao ideário da soberania da nação produzido pela Revolução Francesa, implicando a aceitação da origem consensual do Estado, o que aponta para a ideia de representação, posteriormente matizada por mecanismos de democracia semidireta - *referendum* e plebiscito -, bem como, pela imposição de um controle hierárquico da produção legislativa através do controle de constitucionalidade. (STRECK, 2014, p.95).

Inicialmente, o Estado Constitucional nasce pautado em ideais liberais, visando assegurar necessidades básicas consideradas essenciais, como a vida, a propriedade e a liberdade. A esse respeito, Sampaio sublinha que, apesar de pautado pelo ordenamento jurídico, esse paradigma segue o propósito de mínima intervenção, mesmo na esfera legislativa:

> Como vemos, o Estado de direito (ou Estado constitucional) nasce como Estado liberal: abstencionista, neutro ou de mínima intervenção (inclusive legislativa), de modo a deixar para a sociedade, formada pela soma de indivíduos moral e economicamente competentes, a definição e realização de seu projeto de sucesso ou de felicidade. Há uma nítida cisão entre esfera pública e esfera privada que é normativa e teoricamente valorizada. (SAMPAIO, 2013, p. 63).

Após mais de um século de vigência, o Estado liberal começa a revelar sua fragilidade, acentuando as desigualdades decorrentes do capitalismo exacerbado e da exploração do trabalho, levando grande parte da população ocidental à situação de extrema pobreza e miséria. Reforçado pelo advento das sociedades de massa e pela abstenção de intervencionismo do Estado, este cenário acirra o debate entre a relação *capital e trabalho*, colocando em xeque o modelo liberal. (SAMPAIO, 2013, p. 68).

Fernandes ensina que isso possibilita o surgimento de um novo paradigma, de viés social:

> Após a Primeira Guerra Mundial tem início um novo paradigma de Estado. Devemos observar que o período do Estado Liberal gerou "a maior exploração do homem pelo homem de que se tem notícia na história da humanidade". Nesses termos, temos jornadas de trabalho de 15 a 17 horas por dia, idosos, crianças e mulheres em rodízio nos postos de trabalho, remunerações aviltantes levando ou conduzindo milhões de desvalidos a completa miséria, além de uma fortíssima repressão a qualquer tipo de protestos, bem como um exército de mão de obra de reserva criado nas periferias, em condições degradantes. Esse cenário levou à eclosão de um sem número de questionamentos e movimentos sociais (socialismo utópico, científico e anarquistas). (FERNANDES, 2017, p. 67).

O que se percebe é que, apesar da proclamação formal de igualdade para todos, na prática, o modelo liberal apenas acentuou as diferenças de classes, mantendo os sistemas político e judiciário exclusivos e excludentes. Assim, o modelo de um Estado intervencionista surge como resposta ao individualismo liberal, inaugurando a missão de prover o bem-estar do cidadão e suas necessidades sociais, seja mediante políticas públicas ou garantia de direitos coletivos. Inicialmente, esse modelo é materializado nas Constituições do México (1917) e de Weimar (1919)[2]. (SAMPAIO, 2013, p. 66; STRECK, 2014, p. 97).

Fernandes aponta como características do Estado social: "a universalização do sufrágio, a liberdade de associação entre os trabalhadores, o surgimento de grandes partidos políticos e a ampliação das atividades econômico-sociais do Estado". Registre-se que o surgimento dos partidos políticos proporcionou nova interlocução entre cidadão e Estado, possibilitando maior participação daquele e facilitando o acesso ao poder. (FERNANDES, 2017, p. 68).

Todavia, o modelo social acarretou inchaço da máquina pública e a transformação do Estado em provedor de serviços e garantias para o cidadão, incentivando uma relação de clientelismo e fomentando uma cidadania passiva. Revelou também o excesso de burocracia e ineficiência das instituições públicas, além de sua incapacidade de atender a demanda social. Como fenômeno inesperado, gerou uma onda de totalitarismo, principalmente na Europa e na

---

[2] Em 1930 temos, também, o New Deal, capitaneado por Franklin D. Roosevelt, com o reconhecimento jurídico de leis de cunho social e intervencionista. Os Estados Unidos buscavam estratégias sensatas para o crescimento da economia e o avanço do sistema político capitalista no ano 1936. Desde 1929, muitos países aliados e unidos pelo capitalismo vinham enfrentando uma Grande Depressão. (SAMPAIO, 2013).

América Latina, ocasionando a supressão de direitos e garantias fundamentais anteriormente consagrados. (SAMPAIO, 2013, p. 66).

O Estado social, ao contrário do imaginado, resultou na formação de grupos hegemônicos que se apoderaram do Estado no intuito de aumentar e consolidar seu poder, propiciando a invasão do público sobre o privado, deixando o cidadão à margem das garantias constitucionais. (SAMPAIO, 2013, p. 67).

O descrédito do paradigma social, então vigente, ensejou uma nova onda de redemocratização. Com a promulgação da Lei Fundamental de Bonn (1949) e instalação do Tribunal Constitucional Federal na Alemanha (1951), a hermenêutica jurídica busca aproximar ética e direito, primando pela efetividade dos direitos e garantias do cidadão. Pretende-se superar a igualdade formal para se atingir, de maneira concreta e efetiva, a igualdade material. Ultrapassa-se o positivismo no intuito de atribuir normatividade aos princípios e favorecer o diálogo jurídico. Surge, assim, o paradigma do Estado Democrático de Direito[3]. (FERNANDES, 2017, p. 59; SAMPAIO, 2013, p. 68).

A esse respeito, Streck aponta o objetivo transformador do status quo como uma das principais características do novo modelo:

> O Estado Democrático de Direito tem um conteúdo transformador da realidade, não se restringindo, como o Estado Social de Direito, a uma adaptação melhorada das condições sociais de existência. Assim, o seu conteúdo ultrapassa o aspecto material de concretização de uma vida digna ao homem e passa a agir simbolicamente como fomentador da participação pública no processo de construção e reconstrução de um projeto de sociedade, apropriando-se do caráter incerto da democracia para veicular uma perspectiva de futuro voltado à produção de uma nova sociedade, na qual a questão da democracia contém e implica, necessariamente, a solução do problema das condições materiais de existência. (STRECK, 2014, p. 98).

Por sua vez, Sampaio afirma que o cidadão se torna responsável por um projeto comum de sociedade, não podendo se reduzir a aprovar ou reprovar os governantes em cada eleição: "os cidadãos não recebem de seus representantes as soluções e prestações de serviços, dando- lhes a resposta de apoio

---

3 Sampaio ressalta que o Estado Social permitiu duas vertentes: neoliberal e democrática de direito. Afirma que, no fim, prevaleceram ambas as correntes, dano origem a um modelo novo. Quanto à forma adotou-se o Estado Democrático de Direito, mas na prática foram executadas medidas neoliberais. (SAMPAIO, 2013, p. 68).

ou reprovação, no período eleitoral, mas são copartícipes de um projeto de vida, voltando e permanecendo politicamente ativos". (SAMPAIO, 2013, p. 73). O novo modelo de Estado pretende uma solidariedade e fraternidade entre os integrantes da sociedade, afirmando uma cidadania ativa e responsável. (FERRAJOLI, 2013, p. 73).

Além disso, o paradigma democrático de direito inaugura uma nova concepção de democracia, abrangendo duas dimensões: formal e material. A primeira, ligada ao processo (ou forma) de governo do Estado, deve garantir o acesso de todos às decisões políticas da nação (garantia do sufrágio universal), assegurados o debate prévio, a transparência e a publicidade dos atos decisórios[4]. A segunda contempla a garantia da eficácia dos direitos fundamentais, cujo objetivo é a pacificação social, por meio da tutela das diferenças – especialmente das minorias – e a redução das desigualdades materiais. (BOVERO, 2002, p. 26-27; FERRAJOLI, 2006, p. 57).

Portanto, o Estado Democrático de Direito evidencia os desafios e dificuldades de uma sociedade plural e complexa, resultando em Constituições abertas e plurais, caracterizadas pela diversidade de interesses e culturas dentro de uma mesma nação. O texto fundamental se revela, desta forma, como um *dever ser*, pendente de realização por cidadãos e governantes. (SAMPAIO, 2013, p. 117).

1.2 O Estado Democrático de Direito no Brasil

As origens do Estado brasileiro remontam à chegada da família real portuguesa (1808) acompanhada da corte. Antes havia apenas a colônia, constantemente submetida à exploração e pilhagem de sua matriz, como ensina Barroso. Vigia, então, um emaranhado de normas, confusas em sua maioria, reunidas em diversos ordenamentos (com destaque para as Ordenações Filipinas), que apenas incentivavam a corrupção e o patronato. (BARROSO, 2012, p. 9).

Assim, em 16 de dezembro de 1815, o Brasil superou a condição de colônia para ser promovido a Reino Unido de Portugal e Algarves, dando início ao que

[4] O autor afirma que a democracia é um processo estritamente formal, ligada ao modelo de governo. Para o autor, a democracia é o resultado das pré-condições externas (direito de liberdade e alguns direitos sociais) somadas às condições internas (direitos políticos). (BOVERO, 2002).

se tornaria, mais tarde, o Estado brasileiro. Para Carvalho, o constitucionalismo marca o nascimento da nação:

> Quando estourou no Porto a Revolução de 1820, reunindo-se a 26 de janeiro de 1821, em Lisboa, as Cortes Constituintes para elaboração da Constituição liberal de Portugal de 1822, das quais participaram, além de portugueses, Deputados brasileiros eleitos pelas províncias, irradiou-se no Brasil o movimento liberal que levaria o Príncipe Regente, D. Pedro, a convocar, em 2 de junho de 1822, a Constituinte brasileira para elaboração da Constituição. (CARVALHO, 2013, p. 624).

Posteriormente, com a outorga da Carta de 1824 pelo Imperador D. Pedro I, o Brasil começa a sua história constitucional. Bonavides a divide em três grandes períodos: o primeiro, vinculado ao modelo francês e inglês do século XIX, de cunho marcadamente liberal; o segundo, pautado no arquétipo norte-americano, com base no sistema federalista, republicano e presidencialista; o terceiro, e mais recente, inspirado no constitucionalismo alemão do final do século XX. (BONAVIDES, 2014, p. 369).

Desta forma, a primeira Constituição do Brasil (1824) disciplinava os Poderes Moderador, Executivo, Legislativo e Judicial, com base em sistema representativo (deputados com mandato temporário e senadores com mandato vitalício), ainda que *sui generis*, e possuía aspecto semirrígido quanto às atribuições e limites dos Poderes. O Poder Moderador se confundia com a pessoa do imperador, sendo-lhe autorizado interferir e se sobrepor a diversos assuntos dos demais Poderes. A Monarquia Constitucional atendia aos interesses dos latifundiários e senhores de engenho, que desejavam manter e se beneficiar da estrutura escravocrata. (MELO, 2008, p. 254; SOARES, 2011, p. 305).

A esse respeito, Bonavides afirma:

> Em resumo, a monarquia constitucional do Império no Brasil foi um equilíbrio relativamente estável, pois durou 65 anos, entre o princípio representativo, gerador de um parlamentarismo sui generis, introduzido nos mecanismos institucionais, e o princípio absolutista, dissimuladamente preservado com prerrogativas de poder pessoal, de que era titular o Imperador, em cujas mãos acumulava, tanto em termos formais como efetivos, o exercício de dois Poderes: o Executivo e o Moderador. O último concentrava mais faculdades de mando e competências do que o primeiro. A monarquia foi, não obstante, um largo passo para a estreita formal definitiva de um Estado liberal, vinculado, todavia, a uma sociedade escravocrata, aspecto que nunca se deve perder de vista no exame das instituições imperiais. (BONAVIDES, 2014, p. 372).

Em seguida, iniciou-se a derrocada do regime escravocrata[5], na segunda metade do século XIX, gerando perda da mão de obra agrária e abalo na economia. Isso permitiu o surgimento e disseminação de ideais antimonarquistas, que culminariam na proclamação da República, em 15 de novembro de 1889. (SOARES, 2011, p. 305). Franco (apud Carvalho), elenca alguns fatores que favoreceram a passagem da monarquia para a república:

a) transformação da economia agrária;

b) ascensão do exército como força política;

c) aspiração federalista, em grande parte fomentada pela obra *A Província* (1870), de Tavares Bastos;

d) algumas influências culturais, principalmente do *positivismo*;

e) isolamento do Brasil como única monarquia do continente;

f) envelhecimento do Imperador e seu afastamento do cenário político. (CARVALHO, 2013, p. 630-631, grifo do autor).

Fernandes acrescenta, ainda, a grande extensão territorial brasileira, que, em sua análise, favorecia um sistema administrativo federativo. (FERNANDES, 2017, p. 265).

Posteriormente, em 24 de fevereiro de 1891, foi promulgada a primeira Constituição republicana do Brasil, dando início ao segundo período da história constitucional, conforme Bonavides:

> Com o advento da República, o Brasil ingressou na segunda época constitucional da sua história. Mudou-se o eixo dos valores e princípios de organização formal do poder. Os novos influxos constitucionais deslocavam o Brasil constitucional da Europa para os Estados Unidos, das Constituições francesas para a Constituição norte-americana, de Montesquieu para Jefferson e Washington, da Assembleia Nacional para a Constituinte de Filadélfia e depois para a Suprema Corte de Marshall, e do pseudoparlamentarismo inglês para o presidencialismo americano. (BONAVIDES, 2014, p. 372).

Todavia, o texto da Carta de 1891 carecia de efetividade. O país passou da monarquia para a república sem que houvesse modificação significativa na estrutura social: manteve-se a base patrimonialista e excludente, que favorecia

---

5 Mediante a Lei do Ventre Livre (1871) e a Lei Áurea (1988).

uma pequena parcela da população. No mesmo norte, em 1902, Euclides da Cunha publica sua célebre obra *Os sertões*, revelando as fissuras e o distanciamento entre a realidade formal e a material do país[6]. No fundo, a República, assim como o Império, era uma grande ilusão, visto que a maior parte da população permanecia excluída do acesso ao governo e da proteção do sistema jurídico. O Estado de Direito brasileiro não alcançava o cidadão comum. (CUNHA, 2002).

No plano constitucional, Soares afirma que a Carta de 1891 "assinalou o início e o apogeu da atividade de auto-organização do Estado-membro no Direito constitucional brasileiro", alternando entre manifestações de autonomia e moderação. Os estados ganham importância, permitindo que Campos Salles desse início, em 1902, à *política dos estados*, baseada na cooperação entre governo central e estados federados. Posteriormente, esta se transforma em forma de dominação oligárquica exercida pelos estados de Minas Gerais e São Paulo, que ficou conhecida como *política café com leite*. (SOARES, 2011, p. 309).

Assim, durante a República Velha, o exercício do voto e a participação popular foram corrompidos, seja pelo fenômeno do "coronelismo"[7] e por práticas patrimonialistas, seja pela manipulação das classes menos instruídas pela elite brasileira. O resultado do processo político não correspondeu à verdadeira vontade do povo (massa de analfabetos), mas aos anseios da aristocracia que conseguiu criar uma relação de dependência com os eleitores. Em grande parte, essa situação de dependência derivou da precariedade das condições de vida nos municípios brasileiros, que levava o cidadão a buscar favores do seu "senhor" em troca de gratidão/dependência. (LEAL, 2012, p. 222).

---

6 A obra Os Sertões integra a tradição dos "retratos do Brasil", que busca encontrar a realidade ofuscada pelos relatos oficiais da história. Suas origens remontam às pinturas de Nicolas-Antoine Taunay, que veio para o Brasil em 1816, como membro da missão artística francesa. Suas obras, que reproduzem o índio, o negro e a precariedade da cidade do Rio de Janeiro, funcionam como um contraponto à corrente artística "oficial". São retratos da realidade brasileira não reproduzidos no ambiente da corte.

7 Victor Nunes Leal analisa pormenorizadamente o fenômeno do coronelismo em sua obra "Coronelismo, enxada e voto: o município e o regime representativo no Brasil". O autor narra como os compromissos entre coronéis e munícipes (em sua maioria população rural) deu origem a uma relação de dependência e clientelismo – denominada "coronelismo", que foi a base do sistema eleitoral brasileiro. (LEAL, 2012).

Após, em 1926, houve uma tímida tentativa de modernização da Constituição de 1891, que se demonstrou tardia e ineficiente. O aumento do contingente eleitoral, a insatisfação com a classe dominante e o despertar das patentes mais baixas do exército levaram a um movimento revolucionário que acarretou a mudança do sistema político e eleitoral. Em 1930, apesar de derrotado nas eleições presidenciais por Júlio Prestes, Getúlio Vargas conseguiu alcançar o comando do governo provisório com promessas de implantação do modelo de Estado social, impedindo a posse do presidente eleito graças à "revolução" comandada pelos estados Minas Gerais, Rio Grande do Sul e Paraíba. Como medida de moralização, Vargas publicou o Código Eleitoral (1932) e criou a Justiça Eleitoral, transferindo a esta a condução, o controle, a apuração e a proclamação do resultado das eleições. (FERNANDES, 2017, p. 269).

Não obstante o viés social do governo provisório, em 1932 eclodiu um movimento constitucionalista, pautado no legalismo, que culminou na promulgação da Constituição de 1934. Inspirada na Constituição alemã de *Weimar*, a Carta consagrou direitos sociais, econômicos e individuais. (MELO, 2008, p. 257).

A esse respeito, Fernandes afirma:

> Apesar do viés de cunho social do governo provisório e de suas medidas, em 09.07.1932, eclodiu a revolução constitucionalista, capitaneada pelo Estado de São Paulo. A revolução foi liderada pelo próprio interventor do Estado de São Paulo. O seu objetivo era a legalidade, ou seja, a restauração do regime democrático com uma nova Constituição. Embora abafada e esmagada pela União e suas forças nacionais, a Revolução de 1932 evidenciou que não teria mais como a reconstitucionalização ser postergada. Portanto, acredita-se que ela teve um efeito moral e, com isso, catalizador da nova Constituição de 1934. [...]
>
> Diferentemente das Constituições anteriores, a Constituição de 1934 irá nos apresentar o constitucionalismo social, rompendo com o modelo constitucional pretérito de viés liberal. Ou seja, é a nossa primeira constituição [sic] do constitucionalismo social. (FERNANDES, 2017, p. 269-270).

Em 30 de setembro de 1937, enquanto toda a população aguardava novas eleições presidenciais, o General Góes Monteiro noticiou um suposto plano comunista. Getúlio Vargas se valeu da notícia para conduzir um golpe de Estado e outorgar uma nova Constituição, inspirada em ideais fascistas, com traços profundamente autoritários e corporativistas, seguindo o modelo da Constituição polaca de 1935. Melo afirma que a Carta "aboliu os partidos.

Fortaleceu o Presidente da República. Suprimiu a democracia liberal burguesa. Restringiu as prerrogativas do Congresso Nacional. Reduziu a autonomia do Poder Judiciário". (BRANCO, MENDES, 2011, p. 113; MELO, 2008, p. 257-258).

Entretanto, com o fim da Segunda Guerra Mundial e a queda dos regimes totalitários na Europa surgiu um movimento para a redemocratização do país, acarretando a deposição de Getúlio Vargas em 29 de outubro de 1945 e, posteriormente, a convocação de eleições gerais para presidente da República, governadores de Estado, Câmara dos Deputados, Senado Federal e Assembleias Legislativas. (SOARES, 2011, p.318).

Trigueiro (apud Melo), esclarece que teve início a melhor fase do federalismo brasileiro, pautado em um sistema político e eleitoral mais transparente e confiável, acarretando o fortalecimento da democracia:

> Segundo Oswaldo Trigueiro, o tempo da Constituição de 1946 foi a melhor fase do federalismo brasileiro. Os estados adquiriram autonomia, ainda quando governados por adversários do partido que ocupava a Presidência da República. Os fatores determinantes dessa evolução foram a garantia do voto secreto, controlado pela Justiça Eleitoral, que impediu o desmoralizado expediente de dualidade de governos, que estava a justificar a intervenção, bem como a multiplicidade dos partidos, que tornava impossível ao Congresso fazer a intervenção arbitrária e inconciliável com a Constituição (MELO, 2008, p. 259).

Desta forma, a Carta política de 1946 buscou a inclusão e valorização do cidadão, ampliando os direitos e garantias fundamentais, introduziu o voto secreto e redimensionou a representação proporcional dos estados com base na densidade populacional de cada membro da federação. Além disso, fortaleceu o sistema político ao atribuir maior importância e autonomia para os municípios, ampliando suas fontes de receita e contribuindo para o seu desenvolvimento. (LEAL, 2012, p. 164; SOARES, 2011, p. 317).

Contudo, Silva relata que sob a Carta de 1946 "sucederam-se crises políticas e conflitos constitucionais de poderes, que se avultaram logo após o primeiro período governamental, quando se elegeu Getúlio Vargas". (SILVA, 2014, p.89). Entre suicídio e deposições, evidenciou-se a corrupção das autoridades políticas e a proliferação de relações promíscuas, gerando descrédito dos governantes. Jânio Quadros foi eleito presidente em 3 de outubro de 1960, mas não conseguiu conter as crises políticas e a insatisfação das patentes mais baixas do exército, optando pela renúncia. João Goulart lhe sucedeu, mas foi obrigado a deixar o Poder em virtude do golpe militar, em 31 de março de 1964. Os militares passaram a governar o país mediante a edição de atos institucionais, paralelos à Constituição. Silva conta que os atos institucionais fulminaram diversos direitos fundamentais consagrados no texto constitucional:

> Suspenderam-se, por seis meses, as garantias constitucionais ou legais da vitaliciedade e da estabilidade. Instituiu-se a investigação sumária e a aplicação de penalidades administrativas, desde a demissão, aos servidores que comprometessem a segurança do País, o regime democrático e a probidade da Administração Pública. [...]
>
> O Poder Judiciário não poderia controlar os fatos que motivaram a aplicação das penalidades, nem sua conveniência ou oportunidade, sendo limitado o controle jurisdicional ao exame das formalidades extrínsecas dos atos administrativos. (SILVA, 2014, p. 89-90).

Após a edição do Ato Institucional n.º 4, que convocou o Congresso para votar uma nova Carta política, foi promulgada a Constituição de 24 de janeiro de 1967, com viés claramente autoritário, com exacerbada autonomia para o poder do Presidente, como leciona Branco:

> A Constituição era marcada pela tônica da preocupação com a segurança nacional - conceito de reconhecida vagueza, mas que tinha por eixo básico a manutenção da ordem, sobretudo onde fosse vista a atuação de grupos de tendência de esquerda, especialmente comunista. A Constituição de 1967 tinha cariz centralizador e entregava ao Presidente da República copiosos poderes. Possuía um catálogo de direitos individuais, que permitia, porém, que fossem suspensos, preenchidos certos pressupostos. O Presidente da República voltou a poder legislar, por meio de decretos- lei. (BRANCO, MENDES, 2011, p. 115).

Posteriormente, o regime militar atinge o ápice do recrudescimento e culmina na edição do Ato Institucional n.º 5, que rompeu com a ordem constitucional, acarretando supressão das imunidades parlamentares, cassação de mandatos, restrição de direitos e liberdades individuais, em especial direitos políticos, além da ampliação dos poderes do presidente da República. Em 1969, valendo-se do afastamento do Presidente Costa e Silva, uma junta militar promoveu uma ampla reforma na Constituição, consolidando as restrições impostas pelos atos institucionais e dando origem à Emenda n.º 1/69. (BRASIL, 1969).

Nos anos que se seguiram, a população se empenhou em exigir a volta do regime democrático, com a consequente abertura política. Paulatinamente, o governo militar cedeu aos apelos, revogando os atos institucionais. Em 1980 foram restabelecidas as eleições diretas para prefeito e governador, conforme as Emendas Constitucionais n.º 14 e 15. Em 1982, após as eleições diretas para governador, o movimento das "Diretas Já" é intensificado, pois, segundo Fernandes, "produziu intensa mobilização nacional em grandes comícios pelo país explicitando a cara de uma sociedade civil que clamava por mudanças". Após a eleição indireta para presidente da República em 1985, vencida por Tancredo de Almeida Neves (não assumiu por motivo de saúde), tomou posse José Sarney, que conduziu o país por uma transição pacífica até 1988. (FERNANDES, 2017, p. 282; MELO, 2008, p. 265).

Por fim, em 5 de outubro de 1988 foi promulgada a Constituição da República Federativa do Brasil. O texto, de cunho claramente dirigente, se adapta às reivindicações populares, resultando em normas abertas, ecléticas e plurais, que visam transformar a realidade social, inspirado em valores de fraternidade e solidariedade. A Carta consagra o modelo do Estado Democrático de Direito, inserindo normas programáticas e impondo objetivos transformadores claros para o Estado. Além disso, estabelece de maneira objetiva o rol dos direitos e garantias fundamentais e instrumentos de defesa à disposição do cidadão. A Constituição de 1988 ficou comumente conhecida como Constituição Cidadã, pois contou com ampla participação popular, resultando em um texto voltado para a "plena realização da cidadania". (FERNANDES, 2017, p. 283-285; SILVA, 2014, p. 92).

2
O SISTEMA REPRESENTATIVO

A existência do Estado Democrático de Direito tornou-se possível, em grande parte, graças ao desenvolvimento de um sistema representativo, no qual os cidadãos, legítimos detentores do poder, se fazem presentes na administração estatal por meio de seus representantes. (MIGUEL, 2005, p. 25-38; MILL, 1983, p. 49).

O que se verifica é que o sistema representativo possibilitou a inclusão do povo no processo de deliberação estatal, constituindo um meio legitimador, pautado na delegação de poderes e na realização de eleições periódicas. (HELD, 1987, p.68).

Atualmente, esse modelo constitui a base dos regimes democráticos, pois conta com um mecanismo que promove o aceite transigente e generalizado da população. (LUCAS, 1985, p. 141).

2.1 A Representação no Estado Democrático de Direito

O mundo antigo testemunhou duas formas distintas de governo, sendo uma centrada na vontade do corpo social e no zelo pela coisa pública (*res publica*) e a outra baseada na vontade do imperador. A primeira deu origem à democracia, permitindo aos cidadãos participarem ativamente da vida política, como revela a experiência da *polis grega* (Atenas, V a.C.)[1]. A segunda

---

1 Bonavides afirma que o mundo antigo se encontrava dividido, em linhas gerais, em duas formas de governo. De um lado estariam as tiranias imperiais e de outro lado formas que permitiam a participação do cidadão na vida pública. Cita como exemplo a República Romana, que conferia grande relevo à cidadania romana e ao zelo pela coisa pública (res publica), e a experiência democrática das cidades gregas (polis), que buscava colocar em

sedimentou as bases do absolutismo, levando à exclusão do indivíduo da administração pública, modelo este que vigorou durante a Idade Média. O Estado moderno, por sua vez, resgatou a importância do ser humano na vida política, transformando seu consentimento em força legitimadora do governo. A participação desse sujeito na vida do Estado tornou-se possível graças ao instituto da representação. (BONAVIDES, 2010, p. 33-35; HELD, 1987, p. 68).

Etimologicamente, *representar* significa tornar presente alguma coisa ou alguém que está ausente. Lucas narra que a representação surgiu nos primórdios da Idade Média, como mecanismo para obtenção da cooperação dos súditos em políticas estatais, buscando, sobretudo, "fazer guerras, a aprovação de estatutos e o aumento de taxas", pois permitia que o povo designasse embaixadores (ou representantes) para apresentarem suas reivindicações ao soberano. Após a queda das monarquias absolutas, o surgimento do Estado moderno e o aumento dos sujeitos politicamente ativos, o termo ganhou nova conotação, de caráter político, passando a traduzir a delegação do poder soberano a determinado sujeito, possibilitando um sistema governamental representativo. (LUCAS, 1985, p. 139; SARTORI, 1962. p. 51- 52).

Assim, os contratualistas dos séculos XVII e XVIII afirmavam que a origem do Estado reside na vontade dos indivíduos que se reúnem em sociedade, conferindo importância fundamental ao consentimento do cidadão. Thomas Hobbes já preconizava a necessidade de os homens estabelecerem governantes para administrar o poder supremo:

> É preciso designar um homem ou uma assembleia de homens para representar a todos, considerando-se e reconhecendo-se cada membro da multidão como autor de todos os atos que aquele que representa sua pessoa praticar. (HOBBES, 2012, p. 141).

Todavia, para Hobbes, o representante não seria responsável por suas escolhas, pois agiria em nome dos delegatários[2]. Locke, por sua vez, afirmou que o

---

prática a vontade do corpo social. O exemplo grego revela uma experiência de democracia direta, mediante a participação de todos os cidadãos ativos e capazes na vida pública, cujo modelo será perseguido pelo Estado de Direito. (BONAVIDES, 2010. p. 33-35)

[2] As escolhas ou decisões do soberano seriam fruto do mandato que lhe foi outorgado, de modo que esse não agiria em nome próprio, mas de terceiros (outorgantes). Assim, os legítimos responsáveis pelas escolhas ou decisões seriam os próprios cidadãos que outorgaram o mandato ao seu representante, para que agisse em nome da coletividade. (HOBBES, 2012, p. 141).

Poder Legislativo deve ser composto por representantes da nação, escolhidos pelo povo em determinadas épocas, sendo-lhes conferido o poder supremo. Analisando as preposições dos dois autores, Held aponta que a delegação de poderes e a realização de eleições se tornariam, assim, o instrumento legitimador da autoridade governamental, permitindo que se "decretasse as leis e regulasse a vida econômica e social dos cidadãos". (LOCKE, 1998, p. 519; HELD, 1987, p. 68; HOBBES, 2012, p. 140-141).

Diferente de Hobbes e Locke, Rousseau se insurge contra a ideia de delegação do poder, e consequentemente contra a representação política, ressaltando que os homens estão sujeitos à corrupção, motivo pelo qual é preferível que cada um exerça, por si próprio, sua parcela do poder estatal: "assim que o serviço público deixa de ser a principal tarefa do cidadão, e eles preferem servir com sua bolsa e não com sua pessoa, o Estado já está perto da ruína". (ROUSSEAU, 2015, p.106). Para Jorge Mateus, Rousseau percebe que a delegação do autogoverno a outrem comporta, na verdade, perda da liberdade individual. Em contraposição ao iluminista francês, Emmanuel Joseph Sieyès (1748-1836) entendeu que a Nação seria composta por indivíduos igualmente submetidos às mesmas condições jurídicas, unidos por iniciativa própria para formarem um ente indivisível e personificado: o Estado, que buscaria o interesse da coletividade. A escolha de representantes seria necessária para possibilitar o debate das questões por uma parcela escolhida dos sujeitos políticos, incumbidos da missão de formar a vontade geral, que corresponderia a vontade da Nação[3]. (BONAVIDES, 2010, p. 127; MATEUS, 2014, p. 68-77).

Constant (1767-1830) foi além, afirmando que a representação política não seria apenas possível, mas necessária, em virtude da mudança do conceito de liberdade. Partindo da correlação entre mercado e vida cotidiana, o autor ensina que o homem da antiguidade encontrava sua satisfação pessoal no ambiente público, estabelecendo as diretrizes do Estado e as normas de convivência, ressaltando que "entre os antigos, o indivíduo, quase sempre soberano nas questões públicas, é escravo em todos seus assuntos privados". (CONSTANT, 1980, p. 3). Já o homem moderno, menos sujeito às intempéries da guerra e mais ligado ao mercado e ao comércio, estaria mais ocupado com sua vida

[3] Para Bonavides, nação designa "a forma suprema e absoluta de criar, exercitar e concretizar os poderes constituintes como órgãos de soberania que se legitimam como expressão da vontade nacional". (BONAVIDES, 2010, p. 127).

privada e apegado às ideias de autonomia e independência. Assim, enquanto os antigos sacrificavam a liberdade individual para obter mais, os modernos a sacrificariam para obter menos. (CONSTANT, 1980, p. 3).

Portanto, para Constant, as condições de vida na sociedade moderna levam ao deslocamento dos interesses do homem, do espaço público para o privado, influindo na concepção de liberdade. Tal fato, aliado ao aumento dos sujeitos politicamente ativos, às tarefas do cotidiano e à complexidade das questões estatais, culminou na necessidade do sistema representativo. Todavia, alerta que compete ao homem vigiar a atuação de seus representantes:

> O sistema representativo não é mais que uma organização com a ajuda da qual uma nação confia a alguns indivíduos o que ela não pode ou não quer fazer. Os pobres, fazem eles mesmos seus negócios; os homens ricos contratam administradores. É a história das nações antigas e das nações modernas. O sistema representativo é uma procuração dada. Certo número de homens pela massa do povo que deseja ter seus interesses defendidos e não tem, no entanto, tempo para defendê-los sozinho. Mas, salvo se forem insensatos, os homens ricos que tem administradores examinam, com atenção e severidade, se esses administradores cumprem seu dever, se não são negligentes, corruptos ou incapazes; e, para julgar a gestão de seus mandatários, os constituintes que são prudentes mantêm-se a par dos negócios cuja administração lhes confia. Assim também os povos que, para desfrutar da liberdade que lhes é útil, recorrem ao sistema representativo, devem exercer uma vigilância ativa e constante sobre seus representantes e reservar-se o direito de, em momentos que não sejam demasiado distanciados, afastá-los, caso tenham traído suas promessas, assim como o de revogar os poderes dos quais eles tenham eventualmente abusado. (CONSTANT, 1980, p. 14).

Anos mais tarde, Mill defendeu o modelo representativo como única forma governamental capaz de assegurar os legítimos interesses do povo, vez que ele garantiria a efetiva participação dos cidadãos no processo de deliberação, conforme relata em sua obra "O governo representativo" (1861):

> Por todas estas considerações é evidente que o único governo capaz de satisfazer inteiramente todas as exigências do estado social é aquele em que o povo todo participe; que é útil, qualquer participação, mesmo nas funções públicas mais modestas; que a participação deverá ser por toda parte tão grande quanto o grau geral de melhoramento da comunidade o permita; e que é de desejar-se, como situação extrema, nada menos do que a admissão de todos a uma parte do poder soberano do Estado. Todavia, desde que é impossível a todos, em uma comunidade que exceda a uma única cidade pequena, participarem pessoalmente tão-só de

> algumas porções muito pequenas dos negócios públicos, segue-se que o tipo ideal de governo perfeito tem de ser o representativo. (MILL, 1983, p. 49).

A história revela que, desde então, a representação se tornou um mecanismo essencial para a democracia moderna, que passou a ser entendida como democracia representativa, sedimentando as bases do Estado Democrático de Direito. Norberto Bobbio ensina que "a expressão *democracia representativa* significa genericamente que as deliberações coletivas, isto é, as deliberações que dizem respeito à coletividade inteira, são tomadas não diretamente por aqueles que dela fazem parte, mas por pessoas eleitas para esta finalidade". (BOBBIO, 2000, p. 56, grifo do autor).

Contudo, Miguel adverte que a delegação do poder popular a um grupo restrito de cidadãos, a fim de que exerçam a soberania, encerra uma contradição: "trata-se de um governo do povo no qual o povo não estará presente no processo de tomada de decisões". (MIGUEL, 2005, p. 25-38). Cunningham, por sua vez, admite que a representação acarreta "rendição ou diminuição da autonomia dos cidadãos", mas defende que, nos dias atuais, esse mecanismo revela-se indispensável para a administração do Estado na medida em que possibilita a inclusão de todos os cidadãos, ainda que em pequena parte do processo deliberativo. (CUNNINGHAM, 2009, p. 111).

Não obstante, Lucas aponta que o sistema representativo é conveniente e alerta que:

> a autoridade reside não só sobre uma escolha autônoma, mas no aceite transigente generalizado: [...] coletivamente e individualmente reconhecemos o governo como autoridade que todos nós concordamos em aceitar e cujas decisões reconheceremos como nossas. (LUCAS, 1985, p. 141).

Já o paradigma moderno não comporta a existência de democracias diretas, seja pela grande extensão e densidade populacional dos Estados, seja pela complexidade das questões políticas, que demandam tempo e dedicação voltados ao debate e deliberação. (MIGUEL, 2005, p. 25-38). Por isso, as democracias modernas assumem o modelo representativo, caracterizado por um duplo sentido: "possuir um órgão no qual as decisões coletivas são tomadas por representantes, e de espelhar através desses representantes os diferentes grupos de opinião ou de interesse que se formam na sociedade". (BOBBIO, 2000, p. 458).

2.2 Representação política: mandato imperativo e mandato livre

A representação, enquanto delegação de poderes, está intrinsecamente ligada ao conceito de mandato, por meio do qual alguém confere a outrem autoridade para falar e agir em seu nome. Em âmbito jurídico, o termo possui dois significados, um privatístico e outro político. (SARTORI, 1962, p. 51).

O primeiro, de cunho vinculativo e imperativo, permite a exata identificação do mandante e dos poderes que lhe foram conferidos, permanecendo o outorgado juridicamente obrigado a realizar a estrita vontade do outorgante. O segundo, considerado livre, também é caracterizado pela delegação de poderes, mas não permite saber ao certo quem é o mandante e o que ele quer, autorizando o outorgado a agir com liberdade. (SARTORI, 1962, p. 52).

Inicialmente, a representação com base no mandato imperativo surgiu na Idade Média, como ficção jurídica, com o objetivo de "construir uma ponte entre o poder nominal e o exercício do poder [...], fazendo o detentor titular delegar o exercício de seu poder a outra pessoa". (SARTORI, 1994, p. 51). Esta representação serviu para legitimar a atuação dos embaixadores (ou representantes) do povo junto ao soberano. Aos embaixadores competia apenas apresentar as questões formuladas pelos mandatários, sem que lhes fosse concedida permissão para agir livremente em seu nome. Sobre o mandato imperativo, Miguel ensina:

> Uma visão ingênua da representação política tende a considerar o representante como delegado de seus constituintes, cabendo-lhe apenas expressar, nos fóruns decisórios, a vontade majoritária de sua base. É a ideia de "mandato imperativo", que, no limite, reduz o representante à posição de um emissário. Quando muito, ele poderia negociar soluções de compromisso, que, no entanto, precisariam ser referendadas pelos representados – como costuma ocorrer na representação sindical. No primeiro caso, o **representante-emissário** cumpre função mecânica e, em rigor, com o avanço das tecnologias de comunicação, chega a ser dispensável. No segundo, o **representante-negociador** retém recursos de poder importantes, sobretudo na medida em que combina capacidade de interlocução (externa) com liderança (interna), mas o processo decisório torna-se excessivamente moroso, exigindo múltiplas rodadas de negociação e de assembleias de base. Não é um modelo viável para a representação multifuncional, em caráter permanente, nas complexas sociedades contemporâneas. (MIGUEL, 2005, p. 28, grifo do autor).

Posteriormente, o surgimento do Estado moderno acarreta a transformação do instituto da representação, conferindo-lhe conotação política. Em que pese não ser possível fixar um marco cronológico preciso para essa passagem, pode-se afirmar que a representação política decorreu do rompimento com o modelo de mandato imperativo, que maturou por mais de um século no sistema anglo-saxão. Em 1774, Burke redige seu famoso "discurso aos eleitores de Bristol" (BURKE, 1887), onde afirma que governar e fazer leis são questões de reflexão e julgamento, não apenas fazer a vontade dos eleitores. O inglês declara que o Parlamento é o local onde os representantes do povo se reúnem em assembleia para deliberarem sobre os rumos da nação com um único interesse: o de todos. A afirmação de Burke introduz duas inovações: a primeira ligada à natureza da representação, que passa a ser constitutiva da vontade da nação, e a segunda ligada à competência dos representantes, vistos como mais aptos às deliberações estatais em virtude da sua posição privilegiada.[4] (MIGUEL, 2005, p. 25-38; SARTORI, 1962, p. 26).

Portanto, a representação política supera o paradigma anterior na medida em que o representante deixa a função de porta-voz das pretensões populares, ou mero cumpridor de ordens, para assumir encargo deliberativo no Estado, ou seja, tornar-se coautor da vontade soberana da nação. Surge, assim, a representação política com base no mandato livre (ou político), caracterizado pela liberdade de consciência e ação do mandatário. O exercício do poder soberano deixa de pressupor o estrito cumprimento da vontade do eleitor-mandante, impondo ao mandatário empenho em defender a decisão mais benéfica para a coletividade. Desta forma, os parlamentares passam a buscar soluções para os problemas comuns da nação, não mais de classes sociais ou grupos determinados. (SARTORI, 1962, p. 27).

Formalmente, a representação política remonta à Assembleia Nacional francesa de 1789, que acolheu a tese de Sieyès[5] em contraposição à de

---

4 Edmund Burke entendia que os representantes eleitos ocupariam um lugar privilegiado no processo de análise e debate das questões estatais, visto que estariam inseridos dentro do ambiente público e do parlamento (local apropriado para o debate). Além disso, estariam equipados pelo aparato público e imersos profundamente nas questões e devidamente capacitados para o debate, assegurando a "expertise dos tomadores de decisão". (MIGUEL, 2005, p. 25-38).

5 Sieyès entendia que o Terceiro Estado desempenharia um papel fundamental no Estado francês, uma vez que lhe competiam os serviços técnicos e burocráticos da máquina estatal. O Terceiro Estado constituiria a verdadeira engrenagem da França, enquanto ao Clero e à Nobreza eram reservados apenas os postos honoríficos. Para possibilitar que a vontade do Terceiro Estado traduzisse a vontade de todo o Estado, Sieyès desenvolveu uma teoria que

Rousseau, proibindo definitivamente a vinculação estrita do representante à vontade do eleitor, conforme fórmula do art. 7 (título III, capítulo. II, seção 3) da Constituição francesa de 1791: "os representantes eleitos nos departamentos não são representantes de um departamento particular, mas da nação inteira, e não poderá ser dado a eles nenhum mandato". (BOBBIO, 2000, p. 464).

Dessa maneira, o eleito passa a representar o Estado, não apenas seus eleitores, competindo-lhe gerar a vontade da nação, como ensina Bobbio (reunindo os ensinamentos de Burke, Filmer e Hegel):

> [...] o representante, uma vez eleito, rescinde a relação de mandato, no sentido técnico da palavra, com o eleitor, e deve ocupar-se dos assuntos gerais do país, donde, por conseguinte, não pode ser revogado por não ter executado as "instruções" daqueles que o elegeram. Com maior ou menor ênfase, todos os três autores dão a entender que a principal razão da representação está no fato de que o povo, ou não é capaz, por falta de conhecimentos específicos e de incompetência, de tratar de assuntos gerais, ou então é levado, por inclinação natural, a antepor seus próprios interesses e os interesses da própria categoria aos interesses gerais. Em ambos os casos, não tem nenhum direito de controlar a obra do eleito, diferente daquilo que acontece na relação de mandato em direito privado, onde é dado por pressuposto que o mandante conheça quais são seus próprios interesses, cuja gestão confia ao mandatário. (BOBBIO, 2000, p. 462).

Com efeito, a tese do mandato livre foi amplamente aceita no mundo ocidental, tornando-se um princípio adotado pela maioria das democracias modernas, como ensina Doehring. O autor ressalta que os países democráticos asseguram aos mandatários meios de defesa da liberdade de decisão, inserindo em seus ordenamentos regras nesse sentido. (DOEHRING, 2008, p. 260). Todavia, essa liberdade não pode ser encarada sob uma ótica irrestrita, sob pena de acarretar a inefetividade do Estado, permitindo que os representantes se afastem das necessidades e interesses dos cidadãos, como adverte Pitkin. A autora aponta que o mandato livre não pode se reduzir a uma procuração com poderes plenos por prazo determinado, sujeito apenas à aceitação e ao consenso em certas épocas (eleições), sob pena de servir como pretexto para justificar ditaduras e tiranias. (PITKIN, 2000, p. 8-22).

---

coloca todas as pessoas em condição de igualdade, com base no conceito de cidadania. "É precisamente a condição de cidadão que dá lugar à necessidade de uma representação justa, e não a mera fração da representação de outro". (MATEUS, 2014).

Da mesma forma, Sartori ensina que a representação moderna não corresponde simplesmente à representatividade, ou seja, desempenho da função de representar por parte do eleito, mas é preciso ir além, acrescentando o caráter de responsabilidade:

> [...] no sentido de um corpo restrito que está para a coletividade inteira assim como (segundo a imagem de Mirabeau) uma carta geográfica está para o território que a representa; ou então no sentido de que entre os ausentes e aqueles que estão presentes por eles se verifique uma obrigação de responder, algum liame e vínculo que exija deles prestação de contas. Na primeira hipótese representação é 'representatividade'; na segunda é 'responsabilidade'. (SARTORI, 1962, p. 51).

No mesmo sentido, Carvalho lembra que Max Weber distinguia três tipos de representação política, conforme o grau de separação entre as partes, classificando-a em: apropriada, livre e instruída[6]. (CARVALHO, 2013, p.217). Para Weber, o grau mais elevado é aquele em que os representados controlam, em certa medida, os representantes, ressaltando que existem mecanismos que auxiliam a ligar a vontade daqueles a esses:

> Há diferentes mecanismos que criam ligações mais fortes e obrigam os representantes a obedecer constantemente às instruções dos representados, como eleições frequentes, a revogabilidade de mandatos, e alguns procedimentos participativos [...]. (CARVALHO, 2013, p. 217).

Independente da concepção que se adote, a finalidade da representação permanece sempre a mesma: unir representantes e representados. Atualmente, muitos países se valem de mecanismos de controle dos seus representantes com base no conceito de *accountability*, como ensina Miguel:

> É possível ver, então, a *accountability* como uma espécie de "termo médio" entre o mandato livre e o mandato imperativo. O representante não está preso às preferências expressas de seus constituintes, mas idealmente deve decidir de forma que eles decidiriam caso dispusessem das

---

6 Para Max Weber, os três graus de representação consistem em: a) apropriada: aquela em que há a mais forte separação, os representantes não são "escolhidos, designados ou controlados" pelos representados, apenas interpretam a vontade dos representados; b) livre: há alguma ligação entre as partes, mas o controle é limitado (sobretudo em função temporal), é o modelo característico do sistema parlamentarista, em que os eleitores apenas escolhem os candidatos nas eleições periódicas; c) instruída: há controle constante dos representantes pelos representados, com a possibilidade de revogação de mandatos e mecanismos de controle participativo. (CARVALHO, 2013, p. 217).

> condições – tempo, informação e preparo – para deliberar. Esse vínculo hipotético é resgatável a qualquer momento, já que o mandatário deve estar pronto para responder aos questionamentos do público. E é o público quem decide o quão convincente foram suas explicações, pronunciando-se nas eleições seguintes. (MIGUEL, 2005, p. 28, grifo do autor).

Adotando essa ótica, o Brasil acolheu o princípio da responsabilidade do mandato livre, conforme revelam os princípios e fundamentos da Constituição de 1988. (BRASIL, 1988). A esse respeito, Carvalho narra que a Carta recepcionou o mandato revestindo-lhe de três características fundamentais: é "geral, livre e irrevogável, salvo nos casos previstos na Constituição [...]". (CARVALHO, 2013, p. 218).

O Supremo Tribunal Federal já se manifestou no sentido de reconhecer que a liberdade do mandatário não é ilimitada, pois encontra limites na responsabilidade para com os eleitores e a nação, conforme se extrai de trecho da decisão proferida pelo ministro Teori Zavascki nos autos da Ação Cautelar 4.070/DF:

> O mandato seja ele outorgado pelo povo, para o exercício de sua representação, ou endossado pelos demais deputados, para a liderança de sua instituição, não é um título vazio, que autoriza expectativas de poder ilimitadas, irresponsáveis ou sem sentido. Todo representante instituído nessa República tem ao menos dois compromissos a respeitar: um deles é com os réus representados; o outro, não menos importante, é com o do projeto de país que ele se obriga a cumprir ao assumir a função pública. (BRASIL, 2016a).[7]

Portanto, constata-se que as democracias modernas tendem a reconhecer a existência do princípio da responsabilidade ao lado do mandato livre, impondo alguns limites ao mandatário. Não se trata de impor estritamente a vontade do eleitor, mas de estabelecer uma linha de ação transparente, eficaz e com vistas, na medida do possível, ao melhor interesse da coletividade. (MIGUEL, 2005, p. 25-38)

[7] A citada decisão foi proferida na Ação Cautelar 4070/DF, em 04 de maio de 2016, tendo por objeto o afastamento do Presidente da Câmara dos Deputados (Eduardo Consentino Cunha) do exercício de seu mandato parlamentar. (BRASIL, 2016a).

2.3 Sistema representativo brasileiro

A Constituição de 1988 estabeleceu o regime democrático pautado no sistema representativo, outorgando ao povo soberano a faculdade de eleger diretamente seus representantes. A Carta impôs como requisitos para a candidatura: a nacionalidade brasileira, o pleno exercício dos direitos políticos, o alistamento eleitoral prévio, domicílio eleitoral na circunscrição, filiação partidária e requisito etário mínimo para cada cargo, conforme art. 14, §3º, CR/88. Assim, para concorrer a cargo eletivo, o brasileiro precisa ser eleitor e estar filiado a partido político. (BRASIL, 1988).

A filiação partidária foi, dessa forma, instituída como requisito para se alcançar a representação política, consagrando um sistema de partidos e vinculando o detentor do mandato eletivo às ideias e princípios da legenda. Outorgou-se aos partidos o controle das candidaturas, configurando um verdadeiro monopólio, de modo que Carvalho afirma que "não há, em nosso Direito, candidaturas avulsas, isoladas ou independentes". (CARVALHO, 2013, p. 949).

Desse modo, verifica-se que os partidos políticos passaram a desempenhar uma função essencial no processo democrático eleitoral, consistente na seleção e apresentação dos candidatos aptos ao pleito. No Brasil, as legendas funcionam como filtro do sistema representativo, possuindo a prerrogativa de vetar candidatos que não reúnam as condições para serem investidos em mandato eletivo. Fernandes ressalta que, assim, as legendas assumem o importante papel de intermediadoras entre o povo e o Estado, a fim de colaborar na produção da vontade política. (FERNANDES, 2017, p. 836). No mesmo sentido, Fábio Luiz Bragança Ferreira e Thiago Santos Aguiar de Pádua ressaltam a importância dos partidos políticos no sistema representativo brasileiro:

> [...] tratando-se a nossa de uma democracia prioritariamente indireta, os partidos políticos se apresentam como "únicos sujeitos autorizados a funcionar como elos de ligação entre os indivíduos e o governo." Ainda que não sejam os únicos canais de reverberação da sociedade civil, os partidos políticos ocupam posição de protagonismo na nossa democracia. Detêm, assim, uma legitimidade democrática ontológica, inata, inerente à sua própria existência e natureza. (PÁDUA; FERREIRA, 2015, p. 260).

Juntamente com o monopólio das candidaturas, o legislador brasileiro atribuiu outras funções aos partidos políticos com vistas a garantir a supremacia do interesse público. Dotou- lhes da prerrogativa de administrarem espaços exclusivos de interlocução com o cidadão (acesso gratuito ao rádio e televisão) – impedindo sua administração por interesses privados, concedeu-lhes recursos financeiros para custear suas atividades (fundo partidário), e possibilitou a utilização gratuita de espaços públicos para suas finalidades. Em contrapartida, exigiu a prestação de contas regulares à Justiça Eleitoral – órgão responsável pela fiscalização das atividades partidárias e das eleições. Ou seja, os partidos políticos foram recepcionados no ordenamento constitucional como "organizações comprometidas com a ação política", admitidos como indispensáveis ao processo democrático e ao sistema representativo. (SOARES, 2011, p. 266).

Portanto, o sistema representativo brasileiro é fruto da vontade soberana do povo, que escolhe seus representantes por meio de voto direto, confiada ao partido político e ao candidato, nos termos do art. 1º, parágrafo único, da CR/88, que afirma: "todo o poder emana do povo, que o exerce por meio de representantes eleitos ou diretamente, nos termos desta Constituição". (BRASIL, 1988). A escolha do cidadão recai sobre a pessoa do candidato e o conjunto de princípios e valores defendidos pelo partido político, revelando uma união indissociável. Assim, o mandato eletivo constitui produto dos esforços concorrentes da legenda e de seus candidatos.

2.4 Sistema eleitoral brasileiro: representação majoritária e proporcional

Nas democracias modernas, a escolha dos representantes políticos ocorre por meio do sistema eleitoral, que na visão de Gomes é o "complexo de técnicas e procedimentos empregados na realização das eleições, ensejando a conversão de votos em mandato, e, consequentemente, a legítima representação do povo no poder estatal". (GOMES, 2016, p. 143).

Ou seja, trata-se do procedimento pelo qual o Estado reúne a vontade do povo e a transforma em representação, refletindo a orientação política e legitimando os escolhidos para exercício do poder soberano. Bonavides esclarece que o sistema eleitoral é fator determinante da representatividade:

> O sistema eleitoral adotado em um país pode exercer – e em verdade exerce – considerável influxo sobre a forma de governo, a organização partidária e a estrutura parlamentar, refletindo até certo ponto a índole das instituições e a orientação política do regime. A sociologia tem investigado com desvelo o efeito das técnicas eleitorais e deduzido a esse respeito importantes conclusões, conforme se trate do emprego da representação majoritária ou proporcional. (BONAVIDES, 2012, p. 265).

No mesmo sentido, Silva ensina que, no Estado brasileiro, o princípio representativo decorre de dois pilares: o sistema eleitoral e o sistema de partidos. Ou seja, a combinação dos dois reflete a expressão da vontade popular. (SILVA, 2015, p.14). Nesse contexto, o constituinte brasileiro optou por estabelecer duas vias para se alcançar a representação política, uma majoritária e outra proporcional. A esse respeito[8], Bonavides afirma:

> o sistema eleitoral brasileiro [...] conhece o emprego das duas modalidades fundamentais de representação: sistema majoritário na eleição dos senadores e titulares do Executivo e o sistema de representação proporcional na escolha dos deputados. (BONAVIDES, 2012, p. 275).

Sobre os dois sistemas, Silva leciona:

> [...] se distinguem em sistema majoritário, pelo qual a representação em dado território cabe aos candidatos que obtiveram a maioria absoluta ou relativa dos votos, e o sistema de representação proporcional, pelo qual a representação em determinado território se distribui em proporção às correntes ideológicas ou de interesse integradas nos partidos concorrentes. (SILVA, 2015, p. 14)

Logo, cada sistema possui suas particularidades, ostentando pontos positivos e negativos, e goza de maior ou menor grau de democraticidade.

2.4.1 Sistema majoritário

O sistema majoritário impõe que a escolha do representante ocorra mediante apuração da maioria dos votos – absoluta ou relativa, podendo ocorrer em dois turnos ou único. Sobre esse sistema, Dallari leciona:

> Por este sistema, como o próprio nome sugere, só o grupo majoritário é que elege representantes. Não importa o número de partidos, não importa também a amplitude da superioridade eleitoral. Desde que determinado grupo obtenha maioria, ainda que de um único voto, conquista o cargo de governo objeto da disputa eleitoral. (DALLARI, 2013, p. 190).

Nesse modelo, a representação é confiada ao candidato que obtém o maior número de votos, ficando estabelecido quem é o responsável pela adoção e

[8] O sistema brasileiro também impõe a eleição proporcional para os cargos de vereadores das câmaras municipais, conforme art. 84 do código eleitoral, que determina: "A eleição para a Câmara dos Deputados, Assembleias Legislativas e Câmaras Municipais, obedecerá ao princípio da representação proporcional na forma desta lei". (BRASIL, 1965).

condução da política estatal. Bonavides elenca alguns pontos que julga positivos desse sistema:

a) produção de governos estáveis;
b) evita a pulverização partidária;
c) o eleitorado figura como fiel da balança;
d) o partido vencedor se torna apto a governar pela maioria parlamentar;
e) possibilita saber facilmente quem são os eleitos;
f) aproxima eleitor e candidato;
g) o candidato se torna mais dependente do eleitor;
h) elimina os grupos de interesse, em prol de uma bipolarização de partidos;
i) as eleições regulares refletem a mudança de tendência do eleitorado;
j) leva o eleitor a votar na pessoa do candidato, com propostas concretas de governo, não nos ideais do partido político. (BONAVIDES, 2012, p. 266).

Todavia, a vitória da maioria simples (ou relativa) pode gerar distorções, possibilitando que o candidato eleito não reflita a escolha da maioria do eleitorado. Afinal, pode ocorrer que a soma dos votos dos candidatos derrotados seja superior ao número de votos obtidos pelo vencedor. A fim de minimizar essa distorção, alguns Estados, a exemplo do Brasil, acolheram o modelo majoritário em dois turnos, onde, realiza-se outro turno de votação na hipótese de nenhum candidato obter a maioria absoluta dos votos em primeiro escrutínio. O segundo giro de votação é realizado com os dois candidatos mais votados na primeira etapa, sagrando-se vencedor aquele que obtiver a maioria simples dos votos. (BONAVIDES, 2012, p. 265).

Por fim, o modelo majoritário também enfrenta críticas, como a falta de representatividade das minorias, que permanecem sufocadas pelo resultado das eleições e excluídas de representação, além do fato de parcela significativa dos votos serem descartados, uma vez que o vencedor fica com tudo. (BONAVIDES, 2012, p. 268).

2.4.2 Sistema proporcional

O sistema proporcional objetiva refletir a variedade de pensamentos e tendências dos grupos sociais, inclusive a minoria, conferindo maior grau de democraticidade ao sistema eleitoral. Nesse modelo, a escolha dos eleitos depende dos votos obtidos por seu partido e do número de lugares disponíveis na casa legislativa. A seu respeito, Bonavides leciona:

> Serve de espelho e mapa político ao reconhecimento das forças distribuídas pelo corpo da nação. Nos países que o aplicam em toda a plenitude, não há corrente de opinião, por minoritária que seja, que não tenha possibilidade eventual de representar-se no legislativo e assim concorrer, na medida de suas forças e de seu prestígio, para a formação da vontade oficial. Em suma, sob esse aspecto, trata-se de um sistema eleitoral que permite ao eleitor sentir a força do voto e saber de antemão de sua eficácia, porquanto toda a vontade do eleitorado se faz representar proporcionalmente ao número de sufrágios. (BONAVIDES, 2012, p. 269).

O sistema proporcional confere, assim, representatividade às minorias, ampliando o espectro político e assegurando a força quantitativa de segmentos específicos da população. Permite a proliferação de ideias e o embate de opiniões, proporcionando a oxigenação do sistema político. Contribui para o fortalecimento das legendas e a institucionalização de seus princípios, ideais e opiniões. (BONAVIDES, 2012, p. 269)

No caso do sistema proporcional brasileiro, os partidos políticos apresentam seus candidatos ao pleito, competindo ao eleitor escolher aquele de sua preferência. Após a votação, verifica-se o número de assentos disponíveis e a quantidade de votos necessários para se alcançar a cadeira do parlamento, mediante apuração do quociente eleitoral[9]. Após, verifica- se quantos lugares foram conquistados por cada partido, mediante cálculo do quociente partidário[10]. Por fim, preenche-se os lugares conforme a ordem de votação de cada legenda, desde que observado o mínimo de 10% do quociente eleitoral[11]. O inconveniente é que o eleitor deve realizar cálculos complexos para saber quem foram os eleitos. (BRASIL, 1965).

---

9 Art. 106. Determina-se o quociente eleitoral dividindo-se o número de votos válidos apurados pelo de lugares a preencher em cada circunscrição eleitoral, desprezada a fração se igual ou inferior a meio, equivalente a um, se superior. (BRASIL, 1965).

10 Art. 107. Determina-se para cada Partido ou coligação o quociente partidário, dividindo-se pelo quociente eleitoral o número de votos válidos dados sob a mesma legenda ou coligação de legendas, desprezada a fração. (BRASIL, 1965).

11 Art. 108. Estarão eleitos, entre os candidatos registrados por um partido ou coligação que tenham obtido votos em número igual ou superior a 10% (dez por cento) do quociente eleitoral, tantos quantos o respectivo quociente partidário indicar, na ordem da votação nominal que cada um tenha recebido. (BRASIL, 1965).

O sistema também apresenta alguns efeitos indesejados. Vale lembrar que, muitas vezes, a representação das minorias torna-se ineficaz, apesar da vaga obtida no parlamento. O representante eleito pode não possuir meios para impor ao governo os ideais defendidos pela sua legenda, sendo obrigado a ceder às propostas das grandes bancadas. Some-se a isso o fato de os governantes buscarem alianças com os grandes partidos para aprovarem seus projetos, vez que ostentam maioria da bancada parlamentar, deixando os partidos menores excluídos do processo. Quando não há uma bancada dominante, os acordos são realizados mediante uma conjugação heterogênea de interesses, que diminui a responsabilidade individual de cada parlamentar. Torna-se complexo identificar quem são os responsáveis pela condução da política pública. (DALLARI, 2013, p. 192).

Bonavides acrescenta, ainda, que a fragmentação do espectro político em uma multiplicidade de partidos dificulta a administração do Estado:

> Uma das objeções feitas entende com a multiplicidade de partidos que ela engendra e de que resulta a fraqueza e instabilidade dos governos, sobretudo no parlamentarismo. A representação proporcional ameaça de esfacelamento e desintegração o sistema partidário ou enseja uniões esdrúxulas de partidos – uniões intrinsecamente oportunistas – que arrefecem no eleitorado o sentimento de confiança na legitimidade da representação, burlada pelas alianças e coligações de partidos, cujos programas não raro brigam ideologicamente. (BONAVIDES, 2012, p. 270).

Logo, o que se verifica é que o sistema proporcional favorece, por um lado, a representatividade, mas prejudica, por outro lado, a governabilidade.

2.4.3 Críticas ao sistema brasileiro

Representatividade e governabilidade são questões centrais para se aferir a eficácia de um sistema eleitoral. A primeira está ligada à capacidade de se traduzir ou fazer presente a vontade do povo, enquanto a segunda diz respeito às condições ou capacidade para exercer o poder em prol de um objetivo certo. (SILVA, 2015, p. 4). Silva afirma que a governabilidade não prescinde da representatividade, mas são, na verdade, atividades complementares que demandam harmonia:

> Significa, portanto, que não são atividades opostas, ainda que exista tensão entre ambas, precisamente porque sua convivência requer harmonia. Representatividade não se esgota no simples conceito de representação

> política; não basta a existência de eleições periódicas para se realizar a representatividade. Representatividade é um modelo de representação "centrado mais sobre o efeito de conjunto do que sobre o papel de cada representante e que concebe o organismo representativo como um microcosmo que fielmente reproduz as características do corpo político". (SILVA, 2015, p.12)

No Brasil, a população afirma que não há representatividade, sendo certo que a expressão "esse político não me representa" tornou-se chavão nas mídias sociais. Agra narra que em junho de 2013 o povo saiu às ruas reivindicando mudanças imediatas no governo, no movimento que ficou conhecido como "Jornadas de Junho". (AGRA, 2014). Inicialmente, surgiu como manifestação contra o aumento do preço da passagem do transporte público, mas foram acrescentadas outras reivindicações. Ao final, foi possível constatar a insatisfação geral com a representação política:

> Não houve uma especificação das demandas ao final das jornadas que se iniciaram em junho. Contudo, como denominador comum pode-se indicar a descrença nos rumos da democracia brasileira, em que os representantes eleitos não guardam maiores vínculos com a vontade da população. Mesmo com o alto nível de alienação que padece a população brasileira, o apoio a uma reforma política que aperfeiçoe os instrumentos de democracia participativa se mostra como uma "unanimidade" na sociedade. (AGRA, 2014, p. 671-672).

A representação política está, por sua vez, intrinsecamente ligada a dois pilares: o sistema de governo e o sistema eleitoral. Se, por um lado, a alteração do sistema de governo deixou de ser pauta das discussões legislativas e acadêmicas após o plebiscito de 1993[12], por outro lado, os debates sobre a alteração do sistema eleitoral estão cada vez mais atuais:

> As críticas à Representação Proporcional e às demais características das eleições legislativas se tornaram mais ríspidas, e a reforma das regras eleitorais permanece central na agenda da reforma política debatida tanto no Legislativo como pela opinião pública em geral. Os escândalos de corrupção somados a outras "disfunções" do poder público alimentam

[12] Em 1993 foi realizado um plebiscito sobre a forma de governo do Estado brasileiro, cujas opções eram Presidencialismo, Parlamentarismo ou Monarquia. A população optou por permanecer com o sistema Presidencialista. Após o plebiscito, foram protocoladas duas propostas de emenda à Constituição para alterar a forma de governo: a PEC 20/1995 de Eduardo Jorge (PT-SP) e a PEC 282/2004 de Roberto Jefferson (PTB-RJ). (SILVA, 2015).

> um consenso de que os métodos de seleção de representantes precisam ser alterados, no anseio de que se altere, em última instância, a qualidade da representação.
>
> É possível apontar dois objetivos comuns desses anseios de mudança: tornar o sistema partidário menos aberto à entrada de pequenos partidos e fortalecer os partidos políticos. Quanto às propostas feitas visando a tais efeitos, podemos listar a troca da lista aberta para a fechada, o fim das coligações, a criação de um sistema majoritário de distrito uninominal ou um sistema proporcional misto como o utilizado na Alemanha. (SILVA, 2015, p. 2).

Portanto, as principais propostas da pauta da reforma política versam sobre o modelo das eleições proporcionais (distrito eleitoral e lista fechada), o financiamento público de campanhas, a possibilidade das candidaturas avulsas (sem vínculo com partidos políticos) e a necessidade de diminuição do número de legendas para fortalecer os partidos políticos. (ALVIM; CAMPOS NETO, 2017).

Este capítulo trata dos três primeiros pontos da reforma pretendida, enquanto sobre o quarto (que envolve cláusula de desempenho das legendas) será discorrido no capítulo quarto.

2.4.3.1 Alteração do modelo proporcional: o distrital e suas variáveis

Alguns autores defendem a implantação do modelo de distritos no sistema eleitoral brasileiro, sob a alegação de que este fortalece os vínculos entre eleitores e candidatos. Acredita-se que a delimitação do colégio eleitoral torna o mandatário mais dependente de seus eleitores e, portanto, mais preocupado em executar as propostas defendidas durante o período de campanha (SILVA, 2015, p. 5). Sobre o sistema de distritos, Dallari afirma:

> Paralelamente aos debates que se desenvolveram a respeito dos sistemas de representação majoritária e proporcional, há outra acesa polêmica, relativa à conveniência de se adotar o sistema de distritos eleitorais. Por esse sistema, o colégio eleitoral é dividido em distritos, devendo o eleitor votar apenas no candidato de seu respectivo distrito. O exame do sistema distrital revela, no entanto, que ele tem sido aplicado de maneiras muito diversas, havendo como único ponto uniforme a proibição de que o eleitor vote em candidato de outro distrito que não o seu. (DALLARI, 2013, p. 192)

Assim, pelo modelo distrital, divide-se a circunscrição eleitoral em várias regiões, que contarão, cada uma, com seus próprios candidatos. A medida implica a redução e delimitação do colégio eleitoral, cujas aspirações e necessidades são mais fáceis de serem identificadas, permitindo melhor fiscalização da atuação dos candidatos, inclusive durante o período de campanha. Além disso, possibilita a redução dos custos da campanha eleitoral, impondo distâncias menores a serem percorridas, a fim de se atingir um nicho específico de eleitores, barateando o custo da própria democracia. (DALLARI, 2013, p.194).

Por outro lado, o sistema distrital tende a perpetuar as lideranças locais, consolidando políticos tradicionais ou de carreira, que se tornam imbatíveis em uma pequena circunscrição. Também facilita o abuso do poder econômico, tornando eficaz a compra de votos em uma pequena região. Além disso, o sistema elimina segmentos minoritários que gozam de pouca presença em cada região, reduzindo o espectro político e, consequentemente, a representatividade. (ALVIM; CAMPOS NETO, 2017).

Com base nessas considerações, o Brasil debateu, recentemente, a adoção do sistema distrital, em duas variáveis: distritão (são escolhidos os mais votados em cada estado) e distrital misto (metade das vagas para os mais votados em cada distrito e a outra metade para os mais votados em cada partido). Como resultado, foi elaborada uma proposta de emenda à Constituição, distribuída sob o n. 77/2003, relatada pelo Deputado Federal Vicente Candido (PT-SP), que tinha como objetivo a implantação do sistema distritão (de 2018 e 2020) e do distrital misto (a partir de 2022). (CASTRO, 2003). Todavia, em 20 de setembro de 2017 a proposta foi rejeitada pelo plenário da Câmara Federal, contando 238 votos contrários, 205 favoráveis e 1 abstenção. (MAIA, 2017).

2.4.3.2 Lista preordenada fechada

Os sistemas eleitorais podem ser erigidos sob o modelo de listas abertas ou fechadas. Na hipótese da lista aberta, o partido escolhe e indica seus candidatos, enquanto o eleitor escolhe aquele de sua preferência, como ocorre hoje no sistema proporcional brasileiro. Na modelo de lista fechada, o partido apresenta uma lista preordenada de candidatos (bloqueada), competindo ao eleitor votar apenas na lista de sua preferência. A esse respeito, Silva ensina:

> Quando se franqueia ao eleitor o voto livre em candidatos de listas diferentes, declaram-se eleitos em cada lista os candidatos que reunirem ao redor do seu nome a mais alta soma de votos.
>
> Quando as listas porém são "bloqueadas", obrigando o eleitor a votar por uma lista completa, que ele não pode modificar, elegem-se

> sucessivamente os candidatos que a encabeçam, segundo a ordem de apresentação feita pelo partido. (SILVA, 2012, p. 274).

Alvim e Campos Neto, por sua vez, sublinham que os defensores do sistema de lista fechada apresentam alguns pontos positivos:

> No Brasil, a defesa das listas fechadas tem se concentrado, primordialmente, na apresentação de aspectos positivos supostamente inerentes àquela fórmula, cabendo destacar:
>
> a) a aptidão para o fortalecimento do sistema partidário;
>
> b) a diminuição dos custos financeiros das campanhas eleitorais;
>
> c) a tendência para o enfraquecimento do personalismo político, em prol da reanimação do debate de ideias;
>
> d) a vocação para a neutralização de distorções de representatividade verificadas nos sistemas majoritários;
>
> e) a natureza reducionista do número de candidaturas;
>
> f) a eliminação da competição eleitoral intrapartidária;
>
> g) o favorecimento à representação das minorias;
>
> h) o incentivo à coesão programática dos partidos;
>
> i) a possibilidade de uma efetiva implementação da democracia paritária, com o aumento da representatividade feminina. (ALVIM; CAMPOS NETO, 2017).

Todavia, os autores advertem que esses objetivos podem ser alcançados no próprio sistema proporcional, sendo desnecessária a adoção do modelo de listas fechadas. Ademais, ressaltam os aspectos negativos das listas bloqueadas:

> Bastante difundidos, contudo, são os aspectos negativos inerentes ao modelo de listas fechadas. Entre tantos, cumpre relacionar:
>
> a) a limitação imposta ao espectro de escolha do eleitor, em função da eliminação da possibilidade de emissão de voto pessoal;
>
> b) o intenso reforço de poder conferido aos altos dirigentes partidários, recrudescendo a prática espúria do denominado caciquismo, contrário à noção de democracia intestina;
>
> c) o prejuízo à oxigenação nas cúpulas dos partidos, em função do embaraço ao surgimento de novas lideranças;

d) o sufocamento do questionamento interno, em agravo ao desenvolvimento de práticas corretivas e ao progresso oriundo do choque ideológico de opiniões;

d) a restrição à liberdade para o exercício do mandato, virtual condutora da sobreposição de interesses partidários aos anseios legítimos da base popular;

e) o potencial escamoteamento da representação territorial, uma vez que a decisão partidária pode deixar de garantir a presença de candidatos de um ou mais núcleos geográficos da circunscrição eleitoral;

f) o potencial agravamento da tendência de apresentação de candidatos puxadores de voto, possivelmente utilizados como estratégia para o arrastamento de políticos rejeitados ou menos populares, que os seguiriam na ordem da lista. (ALVIM; CAMPOS NETO, 2017).

Conforme se percebe, o sistema de lista fechada demanda partidos políticos com alto grau de democracia interna, sob pena de transformar as legendas em meios para perpetuar políticos de carreira no poder. Isto porque, se ausentes os pressupostos democráticos de luta pelo comando, a indicação de candidatos pode ocorrer a critério da discricionariedade dos dirigentes da agremiação. (ALVIM; CAMPOS NETO, 2017).

Recentemente, em 20 de setembro de 2017, o Congresso Nacional recusou a adoção do modelo de listas preordenadas fechadas, que se encontrava na pauta da reforma política, ao rejeitar a proposta de emenda à Constituição n. 77/03. (CASTRO, 2003).

2.4.3.3 O financiamento público de campanhas

Atualmente, existem três formas de se realizar o financiamento do sistema político- eleitoral: público, exclusivamente com dinheiro estatal; privado, somente com recursos particulares; misto, parte em fundos públicos e parte em privados. O Brasil adotou o modelo misto (direto e indireto), garantindo aos partidos acesso ao fundo de assistência (fundo partidário), tempo de exibição em rádio e televisão, doações privadas, rendimentos de aplicações financeiras, comercialização de bens, realização de eventos e cessão de espaços públicos.

Assim, o art. 39 da Lei n.º 9.096/95 previa a possibilidade de doações privadas por pessoa física ou jurídica para manutenção das legendas e realização das campanhas eleitorais. (BRASIL, 1995). Contudo, essa fonte de receitas sofreu uma drástica redução após o julgamento da ADI 4.650, quando o

Supremo Tribunal Federal vetou a doação por pessoas jurídicas, impactando diretamente na manutenção dos partidos políticos e, sobretudo, na realização das campanhas eleitorais. (BRASIL, 2016b).

As eleições municipais de 2016, por sua vez, foram o primeiro laboratório para as novas regras de financiamento do sistema político brasileiro. Não apenas em virtude da decisão do STF, mas também em decorrência da minirreforma eleitoral de 2015, que alterou as regras e reduziu a duração do período de campanha pela metade[13]. Os dados divulgados pelo TSE apontam a redução de 64,1% dos recursos injetados nas campanhas municipais, em comparação a 2012. (MOURA, 2016). Naquelas eleições, os partidos e candidatos arrecadaram R$ 7,1 bilhões, enquanto em 2016 o montante caiu para R$ 2,5 bilhões. A drástica redução se explica por alguns fatores, dentre os quais:

a) a escassez de capitas disponíveis no mercado;
b) redução das contribuições pelos partidos políticos a seus filiados;
c) proibição de doações por pessoas jurídicas, que em 2012 representou a injeção de 1,600 bilhão de reais no pleito; (MOURA, 2016)
d) diminuição do período de campanha que, inevitavelmente, barateou os custos para os candidatos.

A redução dos recursos para as campanhas eleitorais causou preocupação na classe política, que se empenhou em obter nova fonte de receita. Em 4 de outubro de 2017, foi aprovado o Projeto de Lei n.º 8.703/17 (transformado na Lei Ordinária 13.487/2017), que criou o Fundo Especial de Financiamento de Campanha (FEFC) para financiar campanhas eleitorais com recursos públicos. (BRASIL, 2017b). Estima-se que o fundo proporcionará cerca de R$1,7 bilhão para as eleições de 2018, e será composto, ao menos, por 30% das emendas de bancadas de parlamentares e pela renúncia fiscal. (CAMARA, 2017).

Todavia, permanece o debate sobre o financiamento das campanhas eleitorais. De um lado, os defensores do financiamento público alegam que essa modalidade minimiza os episódios de corrupção e nivela igualmente a competição. Por outro lado, os defensores do financiamento privado afirmam que esse ônus não pode recair sobre os cofres do Estado, bem como não pode este impedir a livre concorrência e a liberdade individual das pessoas de escolherem financiar os candidatos que refletem determinado posicionamento ideológico.

[13] O período de campanha foi reduzido de 90 para 45 dias. (BRASIL, 2015a).

2.4.3.4 As candidaturas avulsas

O ordenamento constitucional brasileiro veda expressamente a possibilidade de candidaturas avulsas, nos termos do art. 14, §3º, V, CR/88. Todavia, encontra-se na pauta da reforma eleitoral a possibilidade de os candidatos concorrerem sem vinculação a partido político.

Por um lado, existe o temor das candidaturas avulsas aumentarem a fragmentação do espectro político, diminuindo o caráter programático dos partidos e favorecendo o personalismo dos candidatos. Por outro lado, acredita-se que as candidaturas avulsas podem acarretar a diminuição da filiação de candidatos em "partidos de aluguel"[14], contribuindo para a manutenção e o desenvolvimento de legendas com viés ideológico. (BOGOSSIAN; DE LUCA, 2015, p.1041). Bogossian e De Luca ressaltam que:

> [...] o fato de inúmeras pessoas poderem se candidatar sem depender da filiação a grandes partidos não contém a pulverização do sistema político. Mas não é a fragmentação por si só que é um mal a ser combatido. O que é um mal a ser combatido é a fragmentação causada pela proliferação de partidos oportunistas e sem nenhum tipo de compromisso programático. (BOGOSSIAN; DE LUCA, 2015, p.1040).

Recentemente, a questão chegou à pauta do Supremo Tribunal Federal, em virtude de ação ajuizada por um eleitor que teve seu registro de candidatura indeferido nas eleições de 2016. O autor alega que a vedação de candidaturas avulsas fere o Pacto de São José da Costa Rica, vez que o tratado é expresso ao consagrar o direito de "votar e ser eleitos em eleições periódicas autênticas, realizadas por sufrágio universal e igual e por voto secreto que garanta a livre expressão da vontade dos eleitores". (STF, 2017). Em 5 de outubro de 2017, o Tribunal Constitucional superou a preliminar de perda do objeto (ante a consumação do pleito) e reconheceu a repercussão geral da questão, que ainda será debatida pelo plenário. (BRASIL, 2017d).

Entretanto, paralelamente à discussão jurídica, tramita no Senado Federal a Proposta de Emenda à Constituição n.º 6/2015, que objetiva alterar[15] o art.

---

[14] Partidos de aluguel é o nome dado às pequenas legendas utilizadas para viabilizar candidaturas, sem que exista uma correlação ideológica entre o candidato e os princípios da agremiação.

[15] A proposta de emenda à constituição suprime o inciso V do §3º, art. 14, CR/88, e acrescenta o art. 17-A, com a seguinte redação: "A filiação a partido político é direito de todo cidadão

14, §3º, V, CR/88, a fim de possibilitar candidaturas avulsas no sistema brasileiro. (REGUFFE, 2015). Todavia, em sentido contrário, após o início da tramitação da Proposta de Emenda à Constituição, no dia 6 de outubro de 2017, foi sancionada a Lei n.º 13.488/17, que alterou o art. 11 da Lei n.º 9.504/97, inserindo o parágrafo 14, reiterando a impossibilidade de candidaturas avulsas no sistema brasileiro: "é vedado o registro de candidatura avulsa, ainda que o requerente tenha filiação partidária." (BRASIL, 2017c).

brasileiro, vedada a exigência de filiação partidária como condição de elegibilidade ou requisito de qualquer espécie para o pleno exercício dos direitos políticos." (BRASIL, 1988).

3
OS PARTIDOS POLÍTICOS

A palavra "partido" deriva do termo "facção", que em sentido estrito indica um grupo sedicioso com objetivo de lutar por interesses pessoais. O vocábulo "facção" foi utilizado em sentido pejorativo por muitos autores para designar também "um grupo político empenhado em um facere perturbador e danoso". (SARTORI, 1982, p. 23). A palavra "partido", por sua vez, cuja raiz etimológica remonta ao latim partire, sofreu duas influências semânticas: partire, ou seja, dividir, e tomar parte, vinculado à ideia de associar-se. Sartori ensina que "a transição da facção ao partido baseia-se num processo paralelo: a transição ainda mais lenta, mas enganosa e mais tortuosa, da intolerância para a tolerância, desta para a dissensão, e da dissensão para a crença na diversidade". (SARTORI, 1982, p. 23-33).

A diferenciação dos vocábulos tem início com a obra de Henry St John – o Visconde de Bolingbroke – (1678-1751), intitulada "Dissertation upon Parties", na qual o autor afirma que os partidos buscam interesses nacionais enquanto as facções visam interesses pessoais. Entretanto, o Visconde de Bolingbroke acreditava que o governo pelo partido sempre se transformaria em governo pela facção, degenerando o Estado. Somente com Edmund Burke, no século XVIII, o vocábulo ganha sua conotação moderna, passando a designar "um grupo de homens unidos para a promoção, pelo seu esforço conjunto, do interesse nacional com base em algum princípio com o qual todos concordam". (SARTORI, 1982, p. 26-29). Burke atribui significado mais respeitável à palavra partido, passando a associá-la à ideia de um mecanismo nobre para empreender a luta pelo poder.

Duverger, a seu turno, narra que o nascimento dos partidos políticos, em seu sentido moderno, está intimamente ligado ao surgimento de dois fenômenos: o parlamento e as eleições. O primeiro, ao propiciar o debate de ideias, permite a formação de coalizões, inicialmente efêmeras, que evoluem para verdadeiros grupos parlamentares. O segundo possibilita a formação de comitês eleitorais com o objetivo de patrocinar candidatos, mas que permanecem ativos após a eleição, seja para exigirem dos eleitos a efetivação de suas propostas, seja para prepararem a revanche no pleito seguinte. (DUVERGER, 1970, p. 20-21).

O advento do Estado moderno proporcionou a ampliação do espaço político, que passou a ser acessível às massas, gerando, então, a necessidade de mediação para obtenção de representatividade. Nesse cenário, os partidos políticos surgem como mecanismos aglutinadores de ideologias e aspirações sociais, colocando em marcha o processo democrático. Michels (apud Mezzaroba) aponta que os partidos políticos são um fenômeno sociológico e evidencia que sua capacidade de organização permite a canalização e otimização dos esforços em busca de um objetivo comum. (MEZZAROBA, 2015, p. 140-164). Por isso, no Estado democrático, o partido se transforma em arma dos fracos contra os fortes:

> Uma classe que desfralda diante da sociedade a bandeira de reivindicações determinadas e aspira a realizar um conjunto de ideologias ou de ideias a partir das funções econômicas que exerce tem necessidade de uma organização. Quer se trate, na realidade, de reivindicações econômicas ou políticas, a organização se revela como o único meio de criar uma vontade coletiva. E, na medida em que ela repouse sobre o princípio do menor esforço, isto é, da maior economia de forças, a organização é, nas mãos dos fracos, uma arma de luta contra os fortes. (MICHELS, 1982, p. 15.)

Rabello Filho enfatiza que essa organização é essencial para o funcionamento do partido político, seja em âmbito interno ou externo: "atualmente, eles se definem muito menos por seu programa ou pela classe de seus membros do que pela natureza de sua organização". Assim, é preciso que haja uma estrutura bem definida, com especificação das funções dos associados, notadamente líderes (ou dirigentes) e membros individuais (ou militantes), além de objetivos claros a se alcançar. (RABELLO FILHO, 2001, p. 61).

Já Sartori ensina que os partidos políticos são instituições que ligam o povo a um governo, defendendo interesses coletivos. São instrumentos funcionais do sistema político que visam unir a parte ao todo, respeitando a característica plural dessa união. Constituem canal de expressão cujo objetivo é transmitir às autoridades o desejo de seus filiados. Por isso, os partidos políticos encontram sua razão de existir no sistema representativo. (SARTORI, 1982, p. 46-48). Soares, por sua vez, afirma que "a legitimidade de qualquer regime democrático ou autocrático procede da existência de partidos políticos com a função de organizar e captar a exteriorização da vontade do povo". (SOARES, 2011, p. 254).

No mesmo sentido, para Gomes, os partidos funcionam como mecanismo catalisador das ideias populares mediante o recolhimento, organização e transformação dos anseios do povo em bandeiras ideológicas, sem que haja a ruptura do sistema político vigente. Organizam-se em torno de princípios e programas bem definidos, que constam de seus estatutos. (GOMES, 2016. p. 89). Soares acrescenta que "a função primária dos partidos políticos no processo político está na fundamentação teórica de seu discurso ou de seu programa". (SOARES, 2011, p. 256). Sobre a importância do programa para o partido, Lenine (apud Charlot) afirma:

> Sem um programa, não pode o partido existir como organismo político mais ou menos integral, capaz de manter, em todas as ocasiões, firmemente sua linha em cada mudança dos acontecimentos. Sem uma linha tática, baseada numa estimativa da situação política em curso e fornecendo respostas precisas às "questões difíceis" do momento, é possível haver um pequeno grupo de teóricos, mas não uma unidade política operante. (CHARLOT, 1982, p. 40).

Verifica-se, assim, que os princípios partidários conferem identidade ao partido político. Os ideais políticos-filosóficos instituídos nos estatutos e programas permitem que o eleitor identifique um projeto comum de vida e sociedade, um modo ideal de estruturar e funcionalizar o Estado, criando liame entre o cidadão e o partido. Deposita-se a confiança na legenda e, posteriormente, nos candidatos por esta apresentados, na esperança de que esses sejam fiéis aos valores e diretrizes defendidos pela agremiação. (RABELLO FILHO, 2001, p. 61).

Na obra "The Origin and Development of Political Parties", Joseph LaPalombara (apud Charlot) afirma que os partidos políticos possuem quatro elementos essenciais:

a) existência de uma organização durável, que possa sobreviver após a saída de seus dirigentes;
b) uma rede permanente de relações entre os órgãos nacionais e os diretórios de base;
c) a vontade deliberada de exercer diretamente o poder, a sós ou conjuntamente;

d) a intenção de procurar apoio popular, seja de militantes ou eleitores. (CHARLOT, 1982, p. 40).

Mezzaroba e Souza, por sua vez, elencam seis funções dos partidos políticos:

a) incluir a massa de cidadãos no processo democrático;
b) receptar e dirigir ações políticas, transformando-as em pretensões precisas e concretas;
c) sistematizar as necessidades da população, elaborando programas coerentes com as prioridades;
d) expor o programa do partido em linguagem simples e de fácil compreensão;
e) apresentar candidatos ao pleito;
f) oferecer aos eleitores sua capacidade de organização e logística, a fim de alcançar os objetivos propostos. (MEZZAROBA; SOUZA, 2015, p. 140-164).

No Estado moderno, os partidos políticos desempenham papel central no processo democrático, sendo responsáveis por promover o consenso de ideias perante as situações mais complexas. Sartori ressalta que o conceito de democracia foi erigido justamente sob a constatação da existência do dissenso, ou seja, da pluralidade de opiniões que geram conflito. Nesse cenário, compete ao partido reunir as posições divergentes sob denominadores comuns, a fim de alcançar, pela regra democrática da maioria, a consecução dos princípios partidários, promovendo a integração da vontade da parte ao todo. O autor ressalta que a busca pelo consenso é um processo tortuoso e interminável "de ajuste de muitos espíritos (e interesses) discordantes, na busca de uma 'unanimidade pluralista'". (SARTORI, 1982, p. 36-37).

3.1 Origem e constitucionalização dos partidos políticos

Os partidos políticos são um fenômeno recente, que surge com a modernidade. No mundo antigo, seja na Grécia ou em Roma, a palavra partido foi utilizada para designar classes sociais, como nobreza e plebe. Já na Idade Média, identificava forças sociais e históricas muito mais amplas. Não traduziam, até então, a ideia de uma organização teórica e prática que se transforma em mecanismo e instrumento de ação. (DUVERGER, 1975, p. 74-75). Franco narra que "no que se refere aos partidos políticos, na acepção atual, pode-se afirmar que as suas origens não vão além do último quartel do século XVII". (FRANCO, 1980, p. 9-10).

Em seguida, surgem, na Inglaterra do século XVII, grupos precursores que, posteriormente, acarretariam a formação dos partidos *Tories* (conservadores) e *Whigs* (liberais). Todavia, Franco esclarece que somente pode-se falar em partidos após a "aceitação da oposição política, isto é, a doutrina básica da democracia de que os inimigos do Governo não são inimigos do Estado e que um oposicionista não é por isso um rebelde". (FRANCO, 1980, p. 12). As primeiras manifestações da vida partidária surgem contemporâneas ao *Exclusion Bill* (1679), dando início a um processo que se aperfeiçoaria somente após o *Reform Bill* (1832), quando a Inglaterra passou a viver verdadeiramente sob regime dos partidos políticos. (CARVALHO, 2009, p. 973).

Sartori ensina, contudo, que o primeiro partido moderno não se tornou realidade no continente europeu, mas na América do Norte, sob a liderança de Jefferson, ainda que o líder concebesse a organização como algo efêmero, que deveria acabar após a vitória nas urnas. Tanto Jefferson (republicano) quanto Adams (federalista) enxergavam os partidos como "expedientes transitórios", fadados ao termino após a conquista e consolidação do poder. (SARTORI, 1982, p. 33). A esse respeito, Baracho afirma:

> Os redatores da Constituição norte-americana não esperavam o desenvolvimento dos Partidos Políticos, entendiam que as normas públicas seriam determinadas por maiorias transitórias e consistentes, com cominações de interesses que estivessem de acordo. (BARACHO, 2015, p. 29).

Todavia, tais partidos nasceram de forma natural e como verdadeiro fenômeno sociológico, em função de uma adesão às ideologias de cada corrente, e permaneceram coesos, naturalmente, após as eleições, revelando o surgimento de um fenômeno muito superior aos seus líderes[1]. (SARTORI, 1982, p. 33).

Nesse sentido, a história evidencia que o reconhecimento jurídico dos partidos políticos foi negligenciado até metade do século XIX, quando surge, na Alemanha, preocupação em conciliar os grupos partidários e a teoria do Estado. Mezzaroba aponta que "para os alemães não se tratava de um povo que tinha

1 Oportuno esclarecer que o Partido Federalista corresponde ao atual Partido Republicano, enquanto o partido anteriormente denominado Republicano corresponde ao atual Partido Democrático.

um Estado, mas de um Estado que tinha um povo", fato que facilitou o amadurecimento da doutrina constitucional dos partidos políticos. (MEZZAROBA, 2011, p. 40). Bluntschli iniciou o debate por volta de 1869, afirmando que os partidos políticos seriam associações políticas livres e não instituições de direito público. Corroborando as ideias do precursor, Jellinek (apud Mezzaroba) ressaltou que os partidos políticos são fruto da própria sociedade, nascem e se consolidam mediante atuação livre e independente dos cidadãos, motivo pelo qual seria desnecessária sua conceituação como estrutura do Estado. Todavia, Richard Schmidt (apud Mezzaroba) se opõe a essa linha de pensamento, propondo "uma teoria dos partidos como parte imprescindível e inseparável da teoria do Estado". Schmidt afirma que as legendas são o elo de mediação e ligação entre população e o Estado. (MEZZAROBA, 2011, p. 38-42). Essa foi a tese que sagrou-se vencedora, promovendo a aceitação constitucional dos partidos na Constituição da República de Weimar, em 1919, mediante o reconhecimento do "direito de associação, afirmando que a sua personalidade não podia ser negada por perseguir fins políticos". (BARACHO, 2015, p. 30)

Ao longo do século XIX, a experiência constitucional de vários países evidencia a importância e necessidade dos partidos políticos no processo democrático. A esse respeito, o caso italiano se revela emblemático. Considera-se que a unificação da Itália foi concluída somente em 1870, período a partir do qual tem início sua vida constitucional, ainda sem o reconhecimento dos partidos políticos. O cenário político italiano demonstra a dificuldade em se governar a península, uma vez que os parlamentares estavam sujeitos a toda sorte de opiniões, sem que existisse um mecanismo responsável pela busca do consenso. (FRANCO, 1980, p. 19-20). O fato evidencia a imprescindibilidade dos partidos políticos para o processo democrático. Sobre o episódio, Laveleye (apud Franco) escreve:

> Como não existissem partidos com programas definidos, segue-se que cada deputado tem suas ideias particulares em matéria de impostos, de ensino, de reformas internas ou de política externa, e se crê autorizado a fazê-las prevalecer, sem se importar com os que votarão com ele. Daí resultam agrupamentos inesperados e estranhas surpresas nas votações conforme as questões discutidas. Um Ministério nunca pode confiar na sua maioridade. A cada momento esta lhe pode falhar. Hoje ele obtém um voto de confiança que reúne dois terços dos votantes; poucos dias depois cai, a propósito de um incidente de pouca importância. Cada dia deve se esforçar por manter unidos seus partidários, por meio de transações, concessões e combinações. Um chefe de grupo se crê ferido

> por qualquer procedimento, mesmo extra-parlamentar (como um cumprimento pouco afável) e se aborrece, magoa-se, recusa os votos de que dispõe e a maioria está comprometida. Outro grupo, desta vez local ou provincial, reclama uma rodovia, uma ponte, uma estrada de ferro: é necessário que seja atendido ou vai engrossar a oposição e esta triunfa. A soma de espírito, de habilidade, de eloquência e de plasticidade que um ministro deve despender para durar um ano é prodigiosa... A Câmara é uma areia movediça, onde nenhuma administração sólida se pode apoiar. (FRANCO, 1980, p. 19-20).

Assim, após a Primeira Guerra Mundial, os partidos políticos ganharam força, importância e amplitude, reconhecendo-se seus papeis fundamentais de organizadores da sociedade civil e canal de comunicação entre o povo e o Estado. Contudo, foi a partir da Segunda Guerra Mundial que as nações passaram a acolhê-los em seus textos constitucionais, como ensina Rabello Filho: "foi a partir de 1945 que a ideia de inserir os partidos políticos nas Constituições foi fortalecida de uma forma direta e com papel principal e condições essenciais de organização e existência". (RABELLO FILHO, 2001, p. 93). Bonavides afirma que a Itália foi a primeira nação que confirmou o reconhecimento dessas agremiações no continente europeu ao inserir o art. 49 em sua Constituição (1947), que preceitua: "todos os cidadãos têm o direito de organizar-se em partidos políticos, a fim de cooperar, de maneira democrática, na determinação da política nacional". (BONAVIDES, 2012, p. 384).

Todavia, o reconhecimento definitivo da importância e da função dos partidos políticos foi formalizado pela Alemanha, nos termos do art. 21 da Lei Fundamental de Bonn (1949), que determina: "os partidos colaboram na formação da vontade política do povo. A sua fundação é livre. A sua organização interna tem de ser condizente com os princípios democráticos. [...]". (ALEMANHA, 1949). Ernst Forsthoff (apud Bonavides) relata que o processo de constitucionalização dos partidos políticos nos países democráticos reuniu aspectos comuns:

a) eleição autêntica e verdadeira;
b) relação do eleitor com o eleito; e
c) relação dos eleitos com o seu partido. (BONAVIDES, 2012, p. 385).

3.2 Os partidos políticos no Brasil

Durante o período do império (1822-1889) existiram, no Brasil, algumas associações ou grupos de interesse que se denominavam partidos, mas que, segundo Mezzaroba e Soares, constituíam apenas "facções e grupos de interesse que parasitavam a coroa". (MEZZAROBA; SOARES, 2015, p. 140-164). Rabello Filho conta que:

> Somente após a "maioridade" em 1840 e a regularização artificial do sistema parlamentar à moda inglesa, começa a extratificar-se a formação dos Partidos Liberal e Conservador, que se revezariam no poder até a queda da monarquia em 1889. (RABELLO FILHO, 2001, p. 113).

Entretanto, nesse período, ainda não existiam partidos propriamente ditos, mas sim associações estáveis, com princípios e ideais comuns, que não gozavam de reconhecimento jurídico, tampouco compunham um sistema representativo ou uma democracia partidária. (RABELLO FILHO, 2001, p. 113).

Franco narra que, durante o Império, os "partidos" eram utilizados para consolidar o poder e exterminar a oposição: "assumindo um partido o poder no cenário nacional (ou geral, como então se costumava dizer), tinha de se consolidar no terreno provincial, extinguindo o adversário". (FRANCO, 1980. p. 53). Nesse ambiente, desenvolveu-se uma natural aversão aos partidos políticos, que se refletiu no texto constitucional de 1891, promulgado sem qualquer menção às agremiações. Após essa Carta, é possível constatar o nascimento de grupos associativos que defendiam interesses regionais, contudo, ainda sem qualquer preocupação com os objetivos nacionais. Leal retrata que, após a proclamação da República, o cenário político brasileiro viveu sob a égide do fenômeno do coronelismo, em verdadeira "incursão do poder privado no poder público". (LEAL, 2012, p. 230). A esse respeito, o autor afirma:

> A superposição do regime representativo, em base ampla, a essa inadequada estrutura econômica e social, havendo incorporado à cidadania ativa um volumoso contingente de eleitores incapacitados para o consciente desempenho de sua missão política, vinculou os detentores do poder público, em larga medida, aos condutores daquele rebanho eleitoral. Eis aí a debilidade particular do poder constituído, que o levou a compor-se com o remanescente poder privado dos donos de terras no peculiar compromisso do "coronelismo". (LEAL, 2012, p. 233).

Nessa estrutura, o coronel determinava ao eleitor em quem este deveria votar, garantindo alianças estabelecidas com os candidatos, seja de situação ou de oposição. Portanto, o eleitor não tinha conhecimento das bandeiras, projetos e ideais de seus candidatos, gerando um desvirtuamento do sistema representativo. Não havia qualquer compromisso com um projeto comum de vida e sociedade; perseguiam-se objetivos pessoais, locais ou ligados ao interesse privado de determinado grupo. Leal acrescenta que, quando o resultado das urnas não era aquele pretendido pelo coronel, adotavam-se outros procedimentos (como o bico de pena e a degola), culminando no completo falseamento das eleições. (LEAL, 2012, p. 214).

A República Velha, dessa forma, é marcada pela ausência de participação dos partidos políticos no processo democrático brasileiro, ainda que o Código Civil de 1916 permitisse a existência das agremiações, que eram consideradas pessoas jurídicas de direito privado. O movimento revolucionário de 1930 sinalizou uma mudança que apontava para uma nova era, de abertura política e fortalecimento dos partidos. Entretanto, Getúlio Vargas agiu em sentido contrário ao que se esperava, suprimindo os "partidos" regionais e centralizando o poder na esfera nacional. Somente com o levante constitucionalista de 1932 os partidos políticos passaram a ganhar verdadeiro reconhecimento pelo ordenamento jurídico brasileiro, graças à promulgação do Código Eleitoral (Decreto n.º 21.076/32), que lhes reconhecia a existência jurídica e regulamentava o funcionamento[2]. (BRASIL, 1932). Em seguida, a Constituição de 1934 acolheu as legendas, mas enquanto meros grupos de opinião. Porém, o texto apresentou conquistas, adotando a proporcionalidade da representação e o sufrágio universal. (MEZZAROBA; SOUZA, 2015, p. 140-164).

Posteriormente, entre os anos de 1937 a 1944, verifica-se um retrocesso na evolução dos partidos políticos no Brasil, com a completa supressão dessa instituição do texto constitucional. Somente em 1945, com a edição de um novo Código Eleitoral (Lei n.º 7.586/45), é que se retoma a importância dos partidos na vida democrática brasileira. O código trouxe importantes inovações, como conta Bonavides: "instituiu, pela primeira vez em nossa história, o partido de âmbito nacional, fez obrigatória a candidatura partidária, adotou a representação proporcional e definiu, para efeito de registro, o partido político de caráter nacional" (BONAVIDES, 2012, p. 412). Tais inovações foram acolhidas pela Constituição de 1946 que, não obstante, permitia inscrição de candidatos em "múltiplas legendas" e para variados cargos, contribuindo para a personalização do voto e o enfraquecimento dos partidos (MEZZAROBA; SOUZA, 2015, p. 140-164). A esse respeito, Motta acrescenta que constatou-se, em 1947, senadores que foram eleitos com a candidatura endossada por vários partidos:

---

[2] Durante esse período, o ordenamento jurídico permitia o registro de candidaturas avulsas, sem qualquer vínculo com os partidos políticos, fato que, à época, era considerado um avanço. (MEZZAROBA; SOUZA, 2015, p. 140-164).

> A proliferação de partidos políticos e a falta de distinções ideológicas importantes entre eles foram não somente responsáveis pelas coalizões, mas também, frequentemente pelo oferecimento ao eleitorado de uma chance mínima entre candidatos. As coalizões, feitas em nível local, variavam de um lugar para outro. Eram meramente uma união de **aliados** visando combater grupos rivais e não a expressão de um programa ou plataforma.
>
> Nesse período, as únicas diferenças existentes, exploradas pelos partidos políticos, eram as características históricas de cada um e o fator da personalidade na liderança, que moldaria o programa do partido em cada eleição. (MOTTA, 1971, p. 30, grifo do autor).

Assim, a partir de 1946 surgem partidos com projeção nacional, dentre os quais se destacam: Partido Social Democrático (PSD), União Democrática Nacional (UDN) e Partido Trabalhista Brasileiro (PTB). Sobre esses, Mezzaroba e Souza afirmam: "todos os partidos políticos do período são fruto de articulações elitistas, incapazes de promover a legítima representação nacional por meio de novas lideranças" (MEZZAROBA; SOUZA, 2015, p. 140- 164). De fato, os três grandes partidos se descuidaram das questões nacionais e passaram a defender interesses de classes ou grupos específicos. (MOTTA, 1971, p. 29). Leal, referindo- se às eleições de 1947, observa que "nossos partidos são pouco mais que legendas ou rótulos destinados a atender às exigências técnico-jurídicas do processo eleitoral". (LEAL, 2012, p. 226).

Diante do crescimento do número de partidos, foi promulgada, em 15 de julho de 1965, a Lei n.º 4.740/65, denominada "Estatuto dos Partidos Políticos", impondo requisitos para a criação e manutenção das agremiações[3], mas cujas disposições nunca foram observadas. O recém-criado estatuto também introduziu um elemento finalístico no conceito de partido político ao afirmar, em seu art. 2º, que as legendas "destinam-se a assegurar, no interesse do regime democrático, a autenticidade do sistema representativo". (BRACARENSE; FERREIRA; GRESTA, 2012, p.9-10).

---

[3] De acordo com o art. 7º dessa lei, para se criar um partido político era necessária uma proposta contendo as assinaturas de, pelo menos, 3% do eleitorado no qual, pelo menos, 2% devem estar distribuídos em onze ou mais estados. Também a lei prescrevia em seu art. 47 que o partido perderia seu status legal se não alcançasse 3% de votos numa eleição nacional ou não elegesse, no mínimo, doze deputados distribuídos em, pelo menos, sete estados. (MOTTA, 1971. p. 30).

Entretanto, em 28 de outubro de 1965, o Ato Institucional n.º 2 aboliu todos os partidos políticos e, posteriormente, o governo militar instituiu o bipartidarismo via ato complementar: de um lado as forças do governo, sob a Aliança Renovadora Nacional (ARENA), e de outro a oposição, agregada no Movimento Democrático Brasileiro (MDB). (MOTTA, 1971, p. 30).

Como consequência, durante o período da ditadura surgiram movimentos sociais e setores organizados da sociedade civil clamando por espaço político na vida pública, pressionando o regime militar. Este, por sua vez, se comprometeu a conduzir uma reabertura gradual, que durou até a década de 1980. (MOTTA, 1971, p. 30). Mezzaroba e Souza afirmam que "ao final de década de 1970, entretanto, já era possível visualizar algumas medidas no sentido de uma abertura lenta, gradual e negociada do regime militar para o civil". Para os autores, o regime ditatorial pretendia, na verdade, enfraquecer a oposição, ainda que a custo do multipartidarismo. (MEZZAROBA; SOUZA, 2015, p. 140-164).

Formalmente, a abertura definitiva se deu com a publicação da Lei n.º 6.767, em dezembro de 1979, permitindo o surgimento de seis partidos no ano seguinte: PMDB – Partido do Movimento Democrático Brasileiro; PDS – Partido Democrático Social; PTB – Partido Trabalhista Brasileiro; PT – Partido dos Trabalhadores; PDT – Partido Democrático Trabalhista; e PP – Partido Popular. (RABELLO FILHO, 2001, p. 116). Pode-se afirmar que o processo de redemocratização alcançou seu ápice com a eleição de Tancredo Neves para a Presidência da República, em 1985, e chega a termo sob a batuta de Sarney com a convocação da constituinte, em 1987. Sobre o período, Soares narra:

> Esta resistência democrática tomou de assalto as ruas a partir da eleição dos governadores em 1982, e se incrementou em 1984, na campanha das *Diretas Já*. Novas utopias foram construídas, outras resgatadas, em busca de uma nova ordem constitucional que absorvesse as transformações sociais, culturais e econômicas brasileiras.
>
> Com a eleição e morte de Tancredo, assumiu o poder o candidato a vice-presidente, Sarney, dissidente do partido vinculado aos governos militares, que administrou o Brasil, de forma populista, mas respeitando os compromissos políticos com os setores vinculados à resistência democrática. (SOARES, 2011, p. 276).

Dessa forma, sob inspiração democrática, a Carta de 1988 acolheu o multipartidarismo como um dos pilares do Estado Democrático de Direito brasileiro, garantindo a existência de "partidos políticos fortes e livres, que gozassem de autonomia para se organizar" (MEZZAROBA; SOUZA, 2015, p. 140-164). A esse respeito, Mezzaroba e Souza ensinam que:

> [...] são incluídos no texto legal os sustentáculos da democracia brasileira, por meio da institucionalização da garantia de autonomia e liberdade partidária – princípio da autodeterminação dos partidos políticos –, e a inclusão da filiação a um partido político como condição de elegibilidade. Com esse mérito, a Constituição cidadã de 1988 entrou para a história partidária do país como a Carta Brasileira de redação mais liberalizante. Estavam lançadas as sementes para o enraizamento de uma verdadeira democracia partidária. (MEZZAROBA; SOUZA, 2015, p. 140-164).

Finalmente, verifica-se que a Constituição de 1988 permitiu o surgimento de inúmeros partidos políticos no país, em fenômeno que parecia apontar para o fortalecimento de um sistema de partidos e da própria democracia. Todavia, o crescimento do número de agremiações tem causado entraves para a administração estatal, na medida em que a negociação com muitos atores prejudica a governabilidade. Outra consequência indesejada é o enfraquecimento do caráter ideológico das legendas, vez que as bandeiras apresentadas por cada agremiação se confundem. Dados atuais do Tribunal Superior Eleitoral revelam que existem 35 partidos políticos27 registrados no Brasil. (PARTIDOS, 2017). Sobre esse fenômeno, Baracho adverte:

> A multiplicidade, a indisciplina e a fluidez dos Partidos impedem as discussões dos problemas, a participação nas decisões, o controle dos eleitores, tornando-os desarmados frente aos grupos de pressão. A participação dos cidadãos na vida política, por meio dos grandes Partidos, mesmo os ditos populares, diminui. (BARACHO, 2015, p. 61).

Portanto, além da previsão constitucional, o legislador editou leis ordinárias para regulamentar a vida dos partidos políticos e sua atuação em cada eleição, das quais se destacam: Lei n.º 9.096/95, conhecida como "Lei dos Partidos Políticos", e Lei n.º 9.504/97, denominada "Lei das Eleições". Ambas foram objeto de duas "minirreformas" eleitorais, a primeira em 2015 (Lei n.º 13.165/15) e a segunda em 2017 (Lei n.º 13.488/17).

3.3 Esforços para fortalecimento dos partidos políticos: EC 97/2017

A proliferação dos partidos políticos no Brasil acarretou a fragmentação do espectro político. A ampla gama de legendas gera, muitas vezes, confusão entre os eleitores, incapazes de delinear o campo ideológico de cada legenda.

Todavia, também há cidadãos que não se identificam com nenhum dos 35 partidos registrados perante o Tribunal Superior Eleitoral.

Luis Felipe Miguel e Pedro Paulo Ferreira Bispo apontam, sobre o tema, que a redução das legendas está na pauta da reforma política, a fim de se obter o fortalecimento da democracia e melhorar a governabilidade:

> A introdução de critérios de exclusão dos partidos menores é defendida com base em seus efeitos para a chamada governabilidade e também para a "legibilidade" do sistema partidário pelos eleitores comuns. Duas expressões enfáticas estão em Tavares (1994) e Mainwaring (2001). Ambos concordam no entendimento de que o grande número de partidos é o principal desafio a ser enfrentado para o aprimoramento da democracia no Brasil. Tantos partidos no Congresso exigem um esforço muito grande de negociações e concessões para que o Poder Executivo obtenha a maioria necessária para governar. E tantos partidos nas eleições não tornam razoável esperar que os cidadãos sejam capazes de avaliar as ofertas que estão à sua disposição. Um sistema partidário mais enxuto facilitaria a vida tanto de governos quanto de eleitores. Com maiorias mais claras e uma oferta menor, o eleitorado seria capaz de atribuir com mais clareza as responsabilidades, melhorando o funcionamento dos mecanismos de *accountability*. (ASSIS; MIGUEL; 2016, p. 30).

Entretanto, vale lembrar que o elevado número de partidos não é o único fator responsável pela fragmentação do espectro político. Não se pode deixar de reconhecer que a falta de coesão e unidade das próprias legendas demandam uma forte atuação da política interpartidária e intrapartidária, a fim de promover as aprovações legislativas necessárias. Além disso, é preciso admitir que a diminuição do número de partidos reduz as opções programáticas do eleitor e sufoca as legendas ideológicas ligadas aos grupos minoritários. (MIGUEL; ASSIS; 2016, p. 30).

De igual modo, não se pode deixar de considerar o descrédito e distanciamento do povo em relação às instituições públicas. O que deveria ser uma ponte de união entre o Estado e o cidadão acabou se tornando motivo de segregação e vergonha. A fim de medir o grau de confiança dos brasileiros, o IBOPE criou o Índice de Confiança Social, um estudo que visa identificar a maneira como o brasileiro enxerga 18 instituições, com seu respectivo grau de confiança. A pesquisa é realizada anualmente, com a população acima de 16 anos, e abrange as diferentes regiões do país. O relatório de 2017 demonstra que as instituições que ocupam os últimos lugares, sendo, portanto, as menos confiáveis, são o Congresso Nacional, os partidos políticos e a Presidência da República. Melhor sorte não é reservada ao Poder Judiciário, que ocupa a décima segunda colocação. Juntas, essas instituições representam os pilares do Estado Democrático de Direito, de modo que pode-se afirmar que o brasileiro não confia no sistema democrático atual. (CONFIANÇA, 2017).

Figura 1 - Índice de Confiança Social das Instituições

Instituição	2009	2010	2011	2012	2013	2014	2015	2016	2017
Corpo de Bombeiros	88	85	86	83	77	73	81	83	86
Igrejas	76	73	72	71	66	66	71	67	72
Polícia Federal	-	-	-	-	-	-	-	66	70
Forças Armadas	71	69	72	71	64	62	63	65	68
Escolas Públicas	62	60	55	55	47	56	57	56	63
Meios de Comunicação	71	67	65	62	56	54	59	57	61
Bancos	61	58	57	56	48	50	49	50	59
Empresas	61	69	59	57	51	53	53	55	58
Polícia	52	52	55	54	48	48	50	52	57
Organizações da Sociedade Civil	61	61	59	57	49	51	53	52	56
Ministério Público	-	-	-	-	-	-	-	54	54
Poder Judiciário, Justiça	52	53	49	53	46	48	46	46	48
Sindicatos	46	44	44	44	37	43	41	40	44
Sistema Público de Saúde	49	47	41	42	32	42	34	34	41
Governo da cidade onde mora	53	50	47	45	41	42	33	32	38
Eleições, Sistema Eleitoral	49	56	52	47	41	43	33	37	35
Governo Federal	53	59	53	53	41	43	30	36	26
Congresso Nacional	35	38	35	36	29	35	22	22	18
Partidos Políticos	31	33	28	29	25	30	17	18	17
Presidente da República	66	69	60	63	42	44	22	30	14

Fonte: IBOPE Inteligência (2017).

Diante desse cenário, o clamor da população foi ouvido pela classe política, que vem se empenhado em encontrar alternativas para a redução do número de partidos, observando os direitos fundamentais de associações e liberdade de expressão. Nesse sentido, o Congresso Nacional aprovou a Emenda Constitucional n.º 97/2017, que alterou o regramento dos partidos políticos para impor o fim das coligações eleitorais e a cláusula de desempenho. (BRASIL, 2017a).

3.3.1 Cláusula de desempenho

Em 1995, o Congresso Nacional aprovou a instituição de um mecanismo para reduzir o número de partidos políticos em pleno funcionamento no parlamento, que ficou conhecido como "cláusula de barreira", mediante inserção de dispositivos na Lei dos Partidos Políticos (Lei n.º 9.096/95), em especial o art. 13. Os dispositivos limitavam as prerrogativas das legendas com baixa representatividade, impedindo o pleno funcionamento parlamentar, reduzindo a participação no rateio do fundo partidário e diminuindo o tempo de rádio e televisão. (PLENÁRIO, 2006).

Naquela oportunidade, foram ajuizadas duas Ações Diretas de Inconstitucionalidade – 1.351 (Partido Comunista do Brasil – PC do B) e 1.354 (Partido Social Cristão - PSC), pleiteando o reconhecimento da ilegalidade dos dispositivos, vez que estariam em flagrante desacordo com o art. 17 da CR/88. (BRASIL, 2007a; BRASIL, 2007b). Ao julgar as demandas, o Supremo Tribunal Federal considerou inconstitucional a nova regra, reconhecendo que uma lei ordinária não poderia alterar disposição constitucional. A Corte afirmou que o art. 13 da Lei n.º 9.096/95, e seus correlatos, não poderiam cercear a liberdade e autonomia partidárias previstas no art. 17, CR/88, criando condição restritiva e submetendo os partidos a um tratamento desigual.

Todavia, em setembro de 2017, o Congresso Nacional retomou a questão, que se encontrava na pauta da reforma política. Aprovou a Emenda Constitucional n.º 97/2017, que estabelece a denominada "cláusula de desempenho", bem similar à anterior "cláusula de barreira". O novo dispositivo constitucional determina que para ter direito aos recursos do fundo partidário e acesso à rádio e televisão, os partidos deverão obter, pelo menos, "3% (três por cento) dos votos válidos, distribuídos em pelo menos um terço das unidades da Federação, com um mínimo de 2% (dois por cento) dos votos válidos em cada uma delas", ou conseguir eleger o mínimo de "quinze Deputados Federais distribuídos em pelo menos um terço das unidades da Federação". (BRASIL, 2017a).

A nova cláusula não restringe o funcionamento parlamentar como a antiga "cláusula de barreira", mas priva as legendas menores dos recursos indispensáveis à sua manutenção, na hipótese de não alcançarem um desempenho nacional mínimo. Acredita-se que, com a implementação da nova "cláusula de desempenho", diminuirá o número de legendas ativas no Brasil.

3.3.2 Fim das coligações nas eleições proporcionais

Até 2017, a Constituição da República estabelecia a possibilidade de os partidos se unirem durante o período de campanha, formando um ente jurídico personalizado, denominado coligação. Gomes ensina que "coligação é o consórcio de partidos políticos formado com o propósito de atuação conjunta e cooperativa na disputa eleitoral". (GOMES, 2016, p. 112). Sua característica marcante era a temporalidade, vez que se formava antes do registro das candidaturas e se extinguia após o resultado das eleições. O objetivo era unir esforços para obter maior apoio eleitoral e, consequentemente, mais vagas no parlamento.

Entretanto, as coligações proporcionavam alianças entre partidos ideologicamente opostos, que perduravam por um pequeno espaço de tempo, promovendo alianças destinadas a não surtirem efeito ao longo do mandato conquistado. Na prática, cada candidato se preocupava com as diretrizes de seu partido, esquecendo-se da aliança que o elegera. O resultado era partidos unidos durante o período de campanha, mas rivais durante o exercício do mandato, causando verdadeira confusão e revolta no eleitor. (GOMES, 2016, p. 115).

Dessa forma, em 2017, os parlamentares tentaram substituir as coligações pela Federação de Partidos. Diferentemente do modelo anterior, a Federação permitiria a união de esforços apenas dos partidos que possuíssem afinidade programática, evitando que agremiações tradicionalmente opostas cooperassem somente para fins eleitorais. Além disso, a Federação imporia que as legendas permanecessem unidas e coesas após o pleito, até o final da legislatura. Essa união funcionaria como um único partido ao longo de todo o mandato, podendo, inclusive, receber recursos do fundo partidário e acesso à rádio e televisão, desde que observados os requisitos da cláusula de desempenho. Todavia, a proposta foi rejeitada, ficando fora da reforma eleitoral de 2017.

Portanto, o grande avanço ficou por conta do término das coligações nas eleições proporcionais. A Emenda Constitucional n.º 97/2017 alterou o art. 17, CR/88, para admitir coligação somente nas eleições majoritárias, rechaçando a possibilidade de união em âmbito proporcional.

4
FIDELIDADE PARTIDÁRIA NO BRASIL

A Carta de 1988 estabeleceu os princípios norteadores do Estado brasileiro, com vistas à construção de uma sociedade solidária e plural. Canotilho (apud Fernandes) ensina que estes princípios são chamados de "estruturantes", visto que são responsáveis pela organização e orientação da ordem política da Nação. (FERNANDES, 2017, p. 289).

Assim, verifica-se que, no rol dos princípios elencados pela Constituição de 1988, a fidelidade partidária emerge como mecanismo de coesão e coerência do sistema político e eleitoral, no intuito de conferir eficiência ao sistema pluripartidário escolhido pelo legislador brasileiro. (GOMES, 2016, p. 121).

Portanto, pode-se afirmar que a fidelidade partidária é um princípio estruturante do Estado Democrático de Direito brasileiro, cujo objetivo é salvaguardar a vontade soberana do povo e o sistema político-eleitoral. (FERNANDES, 2017, p. 289; RODRIGUES, 2007, p.2).

4.1 Princípio da fidelidade partidária

Os partidos políticos funcionam como mecanismos aglutinadores de valores, ideais e aspirações, reunindo-os sob bandeiras comuns, a fim de traçar um projeto claro de vida e sociedade. Buscam o consenso de opiniões para exercício do poder, com o objetivo de estruturar e funcionalizar o Estado. Contudo, a execução dos objetivos partidários depende da lealdade dos candidatos escolhidos pela legenda, pois estes serão os responsáveis por colocar em prática os planos do órgão partidário. Neste cenário, o princípio da fidelidade partidária surge como mecanismo garantidor da consecução dos objetivos da legenda, conferindo eficácia ao processo democrático. (RABELLO FILHO, 2001, p. 61; SARTORI, 1982, p. 46-48).

A fidelidade aos princípios e programas de determinado partido político, por sua vez, é algo que legitimamente se espera de qualquer filiado, seja ele dirigente, mandatário ou simples militante[1]. Isto se justifica por alguns motivos. Primeiro, como consequência do direito de livre associação, pelo qual uma pessoa se une a outras para atingir determinado fim comum. (PAES, 2013, p. 11). Segundo, como resultado do processo pré-eleitoral, no qual o partido político outorga seu aval a determinado candidato, apresentando-o como expoente e defensor de seus valores e ideais. Terceiro, como fruto da união do período de campanha, entre candidato e partido político, na qual o primeiro empresta sua imagem e carisma enquanto o segundo fornece seu capital político, sua estrutura e seus recursos. (MEZZAROBA; SOUZA, 2015, p. 140-164).

Dessa forma, o vínculo que se forma entre partido e candidato é fundamental para o resultado das eleições, seja no âmbito proporcional ou majoritário, uma vez que em qualquer caso concorrem esforços mútuos de ambas as partes. Todavia, o sistema proporcional possui características que conferem um papel mais acentuado ao partido político, visto que as vagas no parlamento são fruto do quociente eleitoral, tomando-se por base a totalidade de votos obtidos pela legenda. (BRASIL, 1965). Neste sentido, Adriana Campos Silva[2] e Polianna Pereira dos Santos[3] ressaltam a importância de se estabelecer um vínculo forte entre partidos e mandatários, principalmente no sistema proporcional:

> Considerando-se que um dos principais elementos de definição do Partido Político é sua ideologia, e que muitos dos mandatários eleitos pelo sistema proporcional (a maioria) se beneficiam dos votos obtidos pela legenda partidária, é importante que este seja um vínculo forte (o vínculo da ideologia partidária entre os filiados, principalmente entre aqueles que exercem mandatos eletivos). (SILVA; SANTOS, 2013).

---

1 Nesse caso, o conceito de militante é utilizado para designar o eleitor filiado a determinado partido, independente do exercício de cargos ou funções na estrutura partidária.

2 Adriana Campos Silva é professora da Graduação e da Pós-Graduação da Faculdade de Direito da Universidade Federal de Minas Gerais. Doutora em Direito Constitucional com ênfase em Direito Eleitoral pela Universidade Federal de Minas Gerais. (SILVA; SANTOS, 2013).

3 Polianna Pereira dos Santos é mestranda em Direito pela Faculdade de Direito da Universidade Federal de Minas Gerais. (SILVA; SANTOS, 2013).

Conforme já apontado, a razão de existir dos partidos políticos no sistema democrático está umbilicalmente ligada a sua capacidade de interlocução com o cidadão e o governo, realizando a mediação entre a sociedade e o Estado. Para o desempenho dessa função, o partido político deve estabelecer programas claros, pautados em valores e princípios bem definidos, cujos conteúdos sejam conhecidos de antemão pelo eleitor. Nesse sentido, a legislação infraconstitucional impõe aos partidos políticos o registro de seus estatutos perante o Cartório de Pessoas Jurídicas e o Tribunal Superior Eleitoral[4], permitindo que o cidadão conheça a legenda e acompanhe a execução de seu programa.

A esse respeito, Gomes afirma que a fidelidade partidária é essencial para o processo democrático, na medida em que baliza a atuação do eleito: "esse princípio confere novos contornos à representação política, pois impõe que o mandatário popular paute sua atuação pela orientação programática do partido pelo qual foi eleito" (GOMES, 2016, p. 121). Entretanto, a existência desse referencial de atuação não confere ao mandato natureza imperativa, pois não retira a liberdade do eleito; todavia, possibilita uma atuação mais concreta, pautada em valores previamente conhecidos e chancelados pelo eleitor[5]. (MEZZAROBA; SOUZA, 2015, p. 164).

Portanto, ao depositar o voto em determinado candidato filiado a um partido político, o eleitor-soberano confia que, se eleito, o mandatário será fiel ao projeto defendido na época da campanha, projeto esse que foi erigido com base nas bandeiras defendidas pelo partido político ao qual o candidato se encontra filiado. Do contrário, não haveria a necessidade de o texto constitucional impor a obrigatoriedade de filiação partidária para concorrer a cargo eletivo. A confiança do eleitor obriga o mandatário, sob um prisma ético, moral e legal, a ser fiel ao capital político e ideológico que lhe foi confiado

---

4 A Lei n.º 9.096/95 determina: "Art. 7º. O partido político, após adquirir personalidade jurídica na forma da lei civil, registra seu estatuto no Tribunal Superior Eleitoral. [...]". (BRASIL, 1995).

5 MEZZABORA, endossando corrente defendida por alguns autores, afirma que a Democracia Representativa Partidária evoluiu para um Estado de Partidos (Democracia Partidária), na qual "os representantes estão vinculados a um mandato partidário, submetido à vontade única e exclusiva do partido, conferindo à eleição um caráter plebiscitário, já que o eleitor outorga a sua confiança ao partido como organização, e não aos candidatos". Afirma que, nesse modelo, o parlamentar goza de liberdade, mas com responsabilidade muito mais acentuada perante o Partido, a quem é facultado desligar o filiado. (MEZZAROBA; SOUZA, 2015, p. 140-164).

por seu partido, pautando sua atuação pelo princípio da fidelidade partidária. (RODRIGUES, 2007, p. 2).

Não obstante, a realidade brasileira demonstra que os vínculos ideológicos entre partidos políticos e eleitos revelam-se, muitas vezes, efêmeros. Nesse sentido, as inúmeras migrações partidárias ocorridas em um passado recente evidenciam falta de comprometimento dos eleitos com os partidos que os elegeram. Cureau observa:

> As constantes trocas de legenda entre os parlamentares fora do período eleitoral são uma característica marcante do sistema partidário brasileiro. As migrações partidárias constituem estratégias utilizadas pelos candidatos eleitos para maximizarem seu espaço político. Por outro lado, o grande número de partidos existentes gera dificuldades para a obtenção de maiorias governamentais e faz com que o Executivo, muitas vezes, recorra a negociações para obter condições de governabilidade, reforçando e encorajando a migração partidária nos partidos de oposição. (CUREAU, 2012, p. 237).

No plano constitucional, a fidelidade partidária sofreu diferentes tratamentos pelo legislador, com avanços e retrocessos, até culminar na Emenda Constitucional n.º 52 de 2006, que positivou a necessidade de os partidos políticos estabelecerem, em seus estatutos, normas sobre disciplina e fidelidade partidária. (BRASIL, 2006). O Supremo Tribunal Federal se pronunciou no sentido de reconhecer que o princípio da fidelidade partidária decorre do sistema democrático e constitucional, enquanto corolário lógico-jurídico do sistema político brasileiro. (BRASIL, 2008c). Contudo, alguns aspectos dessa decisão e a posterior flexibilização de seus fundamentos permitiram a fragilização do mesmo princípio, conforme será analisado adiante.

4.2 A fidelidade partidária nas Constituições brasileiras

Os partidos políticos ganharam importância no processo democrático brasileiro a partir do Código Eleitoral de 1945, conhecido como Código Agamenon Magalhães, que disciplinou a organização e funcionamento das legendas, estabelecendo a criação de bases nacionais e impondo a obrigatoriedade de filiação a partido político para registro de candidaturas[6]. (BRASIL, 1945).

---

[6] O Código Eleitoral de 1965 – Lei n.º 4.737 – reiterou a obrigatoriedade de o candidato estar filiado a partido político para concorrer às eleições, nos termos do seu art. 87: "Somente podem concorrer às eleições candidatos registrados por partidos." (BRASIL, 1965).

Os reflexos foram sentidos na Constituição de 1946 que, segundo Bonavides, "se pôs realmente na linha do constitucionalismo contemporâneo ao reconhecer a existência dos partidos políticos, de tal maneira que já não deixa lugar a dúvidas". (BONAVIDES, 2012, p. 412).

Ocorre que o texto de 1946 foi omisso no tocante às normas de relação entre partidos e mandatários, deixando de inserir qualquer disposição sobre disciplina e fidelidade partidária. Esse fato contribuiu para o enfraquecimento do vínculo entre partidos e mandatários, inviabilizando a consolidação de partidos de caráter ideológico. Como consequência indesejada, houve a proliferação do número de partidos políticos pouco comprometidos com projetos programáticos, enfraquecendo o processo democrático. (BRASIL, 1946).

Em resposta, o legislador passou a erigir barreiras para a criação e manutenção das legendas, até culminar na imposição do sistema bipartidário, em 1965, com apenas dois partidos oficiais: Aliança Renovadora Nacional (ARENA) e Movimento Democrático Brasileiro (MDB). (MOTTA, 1971, p. 30).

Dessa forma, a fim de fortalecer as agremiações, a Constituição de 1967 (após a Emenda Constitucional n.º 1, de 1969) impôs a perda do mandato ao parlamentar que se opusesse às diretrizes do partido ou deixasse seus quadros. Houve, em certa medida, o acolhimento da fidelidade partidária enquanto lógica do sistema democrático, uma vez que a regra estabelecia coerência entre as ações dos parlamentares e as decisões do órgão de direção. A esse respeito, o parágrafo único do art. 152[7] determinava:

> Parágrafo único: perderá o mandato no Senado Federal, na Câmara dos Deputados, nas Assembleias Legislativas e nas Câmaras Municipais **quem, por atitudes ou pelo voto, se opuser às diretrizes legitimamente estabelecidas pelos órgãos de direção partidária ou deixar o partido sob cuja legenda foi eleito.** A perda do mandato será decretada pela Justiça Eleitoral, mediante representação do partido, assegurado o direito de ampla defesa. (BRASIL, 1969, grifo nosso).

[7] O art.152 foi inserido no capítulo III da Constituição, sob o título "Dos Partidos Políticos" e, afirmava que a organização, funcionamento e extinção dos partidos políticos seria regulamentada por lei federal, observado os princípios ali elencados, dentre os quais destacamos a disciplina partidária. (BRASIL, 1967).

Posteriormente, foram acrescentados novos parágrafos ao art. 152, ampliando o rol das regras aplicáveis aos partidos políticos, transformando o parágrafo único em quinto. Contudo, houve grande repercussão no meio político, até então acostumado às constantes migrações entre legendas e à inexistência de vínculos fortes entre partido e mandatários. Assim, a regra foi ligeiramente amenizada, permitindo que o parlamentar conservasse seu mandato na hipótese de deixar o partido para fundar nova legenda, o que contribuiu para o aumento do número de agremiações. A nova redação do parágrafo 5º do art. 152 estabelecia:

> § 5º - Perderá o mandato no senado Federal, na Câmara dos Deputados, nas Assembleias Legislativas e nas Câmaras Municipais quem, por atitude ou pelo voto, se opuser às diretrizes legitimamente estabelecidas pelos órgãos de direção partidária ou deixar o partido sob cuja rege for eleito, salvo se para participar, como fundador, da constituição de novo partido. (BRASIL, 1969).

Todavia, o crescimento do número de partidos e a pressão de diversos parlamentares ensejaram a supressão do parágrafo 5º do art. 152, que ocorreu mediante aprovação da Emenda Constitucional n.º 25, de 15 de maio de 1985. Assim, foi retirada do texto constitucional a previsão de perda do mandato parlamentar por oposição ou desligamento da legenda, possibilitando as migrações partidárias e enfraquecendo o vínculo entre partidos e mandatários. (BRASIL, 1985).

Por sua vez, a Constituição de 1988 acolheu a necessidade do estabelecimento de normas sobre disciplina e fidelidade partidária nos estatutos dos partidos políticos, impondo coerência entre os princípios defendidos pelas agremiações e seus mandatários, enquanto requisito de funcionamento do processo democrático, conforme seu art. 17, §1º[8]. Contudo, o constituinte deslocou a questão da fidelidade para o âmbito interno dos partidos políticos, facultando às legendas estabelecerem os parâmetros de sua disciplina. (BRASIL, 1988).

---

[8] Após redação dada pela Emenda Constitucional n.º 52 de 2006, o parágrafo 1º do art. 17 permaneceu com a seguinte redação: "É assegurada aos partidos políticos autonomia para definir sua estrutura interna, organização e funcionamento e para adotar os critérios de escolha e o regime de suas coligações eleitorais, sem obrigatoriedade de vinculação entre as candidaturas em âmbito nacional, estadual, distrital ou municipal, devendo seus estatutos estabelecer normas de disciplina e fidelidade partidária. (BRASIL, 2006).

Importante esclarecer que, ao dispor sobre as causas de perda do mandato parlamentar, elencadas no rol do art. 55[9], a Constituição de 1988 foi silente quanto à eventual infração das normas e disciplinas partidárias – fato que levaria alguns ministros do Supremo Tribunal Federal a defenderem a impossibilidade de perda de mandato por indisciplina ou infidelidade partidária.

De tal sorte, após a promulgação da Constituição de 1988, os partidos políticos e seus filiados passaram a ser regidos por legislação infraconstitucional, mediante aprovação da Lei n.º 9.096/95, que disciplinou os partidos políticos. O novo diploma previu a possibilidade de o partido inserir em seus estatutos a imposição de sanção ao parlamentar que contrariasse disposições legitimamente adotadas pela direção ou deixasse a legenda, inclusive com pena de desligamento, conforme seus arts. 25[10] e 26[11]. (BRASIL, 1995).

Portanto, verifica-se que a Constituição de 1988 abrigou o princípio da fidelidade partidária, na medida em que impôs a necessidade de coerência entre as ações dos mandatários e as normas de disciplina interna do partido, estabelecendo, para as legendas, a obrigatoriedade de instituírem regras claras em seus estatutos para orientar a atuação de seus filiados.

---

9 Art. 55. Perderá o mandato o Deputado ou Senador: I – que infringir qualquer das proibições estabelecidas no artigo anterior; II – cujo procedimento for declarado incompatível com o decoro parlamentar; III – que deixar de comparecer, em cada sessão legislativa, à terça parte das sessões ordinárias da Casa a que pertencer, salvo licença ou missão por esta autorizada; IV – que perder ou tiver suspensos os direitos políticos; V – quando o decretar a Justiça Eleitoral, nos casos previstos nesta Constituição; VI – que sofrer condenação criminal em sentença transitada em julgado. (BRASIL, 1988).

10 Art. 25. O estatuto do partido poderá estabelecer, além das medidas disciplinares básicas de caráter partidário, normas sobre penalidades, inclusive com desligamento temporário da bancada, suspensão do direito de voto nas reuniões internas ou perda de todas as prerrogativas, cargos e funções que exerça em decorrência da representação e da proporção partidária, na respectiva Casa Legislativa, ao parlamentar que se opuser, pela atitude ou pelo voto, às diretrizes legitimamente estabelecidas pelos órgãos partidários. (BRASIL, 1995).

11 Art. 26. Perde automaticamente a função ou cargo que exerça, na respectiva Casa Legislativa, em virtude da proporção partidária, o parlamentar que deixar o partido sob cuja legenda tenha sido eleito. (BRASIL, 1995).

4.3 A fidelidade partidária e o posicionamento do Tribunal Superior Eleitoral nas consultas 1.398 e 1.407

No dia 1º de março de 2007, o Partido da Frente Liberal - PFL[12] formulou consulta ao Tribunal Superior Eleitoral questionando: "Os partidos e coligações têm o direito de preservar a vaga obtida pelo sistema eleitoral proporcional, quando houver pedido de cancelamento de filiação ou de transferência do candidato eleito por um partido para outra legenda?". O expediente foi distribuído sob o n. 1.398, para relatoria do Ministro Cesar Asfor Rocha. (BRASIL, 2007c).

Em seu voto, o relator afirmou que os partidos políticos ostentam papel de protagonistas do sistema representativo democrático no Brasil, no qual o ordenamento jurídico veda expressamente a existência de candidaturas autônomas, sem vínculo com alguma agremiação, conforme art. 14, §3º, V[13], CR/88. Portanto, não é possível dissociar o candidato de seu partido. O ministro ressaltou que, nesse sistema político, a ligação entre eleito e partido é elemento essencial que confere identidade ao mandatário:

> Ora, não há dúvida nenhuma, quer no plano jurídico, quer no plano prático, que o vínculo de um candidato ao Partido pelo qual se registra e disputa uma eleição é o mais forte, se não o único, elemento de sua identidade política, podendo ser afirmado que o candidato não existe fora do Partido Político e nenhuma candidatura é possível fora de uma bandeira partidária. (BRASIL, 2007c, p.5).

O ministro Cesar Asfor Rocha também afirmou que a vaga obtida no parlamento é fruto da opção do eleitor, materializada pelo voto, que manifesta a soberania popular. Assim, o mandato é produto da vontade coletiva e soberana

---

12 Em 2007 o PFL alteou seu nome para DEMOCRATAS. Sobre o motivo da alteração, o portal G1 noticiou à época que: "A decisão para trocar de nome foi tomada no ano passado, depois que o PFL teve um desempenho insatisfatório nas últimas eleições, ao diminuir sua bancada na Câmara dos Deputados e ficar com apenas um governo do estado (José Roberto Arruda, no Distrito Federal). "Esse (Democratas) é o nosso nome e que seja nosso destino honrá-lo", disse o ex-senador Jorge Bornhausen (SC), que presidiu o PFL até esta quarta. Bornhausen, aliás, foi um dos fundadores do PFL em 1985, quando uma dissidência do então PDS foi criada para apoiar a candidatura de Tancredo Neves à presidência da República." (COLON, 2007).

13 Art. 14. A soberania popular será exercida pelo sufrágio universal e pelo voto direto e secreto, com valor igual para todos, e, nos termos da lei, mediante: [...]§ 3º São condições de elegibilidade, na forma da lei: [...] V – a filiação partidária; [...]. (BRASIL, 1988).

dos cidadãos, sendo inadmissível supor que pertença ao eleito como uma propriedade privatística. Na visão do relator, o mandato é expressão de uma função política e pública, "de todo avessa e inconciliável com pretensão de cunho privado" em virtude do princípio da moralidade instituído pelo art. 37[14] da Constituição de 1988. (BRASIL, 2007c, p.5).

O voto apontou, ainda, que a mudança de partido pelo eleito caracteriza ato lícito, reflexo da liberdade de associação garantida pelo texto constitucional. Dessa forma, a desfiliação configura exercício de direito legítimo, mas que não é isento de efeito jurídico. O desligamento voluntário e livre do parlamentar, em relação a legenda que o elegeu, acarreta a perda de seu mandato, não como sanção, mas como consequência jurídica do seu ato. Ressaltou que o cidadão pode se filiar ou desfiliar a qualquer momento, "mas sem que isso possa representar subtração à bancada parlamentar do Partido Político que o abrigou na disputa eleitoral" (BRASIL, 2007c, p.6).

O relator enfatizou que compete ao partido político a condução ideológica, estratégica, propagandística e financeira da campanha, estando obrigado a prestar contas e se sujeitar à fiscalização da Justiça Eleitoral, nos termos do art. 17[15], III, CR/88. De igual forma, o partido político é o único detentor de disponibilidades financeiras oriundas do fundo partidário e do acesso à rádio

---

14 Art. 37. A administração pública direta e indireta de qualquer dos Poderes da União, dos Estados, do Distrito Federal e dos Municípios obedecerá aos princípios de legalidade, impessoalidade, moralidade, publicidade e eficiência e, também, ao seguinte: [...]. (BRASIL, 1988).

15 Art. 17. É livre a criação, fusão, incorporação e extinção de partidos políticos, resguardados a soberania nacional, o regime democrático, o pluripartidarismo, os direitos fundamentais da pessoa humana e observados os seguintes preceitos: I - caráter nacional; II - proibição de recebimento de recursos financeiros de entidade ou governo estrangeiros ou de subordinação a estes; III - prestação de contas à Justiça Eleitoral; IV - funcionamento parlamentar de acordo com a lei. § 1º É assegurada aos partidos políticos autonomia para definir sua estrutura interna, organização e funcionamento e para adotar os critérios de escolha e o regime de suas coligações eleitorais, sem obrigatoriedade de vinculação entre as candidaturas em âmbito nacional, estadual, distrital ou municipal, devendo seus estatutos estabelecer normas de disciplina e fidelidade partidária. (Redação dada pela Emenda Constitucional nº 52, de 2006) § 2º Os partidos políticos, após adquirirem personalidade jurídica, na forma da lei civil, registrarão seus estatutos no Tribunal Superior Eleitoral. § 3º Os partidos políticos têm direito a recursos do fundo partidário e acesso gratuito ao rádio e à televisão, na forma da lei. § 4º É vedada a utilização pelos partidos políticos de organização paramilitar. (BRASIL, 1988).

e televisão, que não estão ao alcance de interesses privados, mas à disposição do interesse público[16]. (BRASIL, 2007c).

Na conclusão de seu voto, o ministro Cesar Asfor Rocha frisou que é preciso conferir força aos princípios constitucionais e, no caso, especial importância ao princípio da fidelidade partidária, motivo pelo qual não é possível concluir que o mandato seja uma propriedade do eleito, sendo imperioso declarar que pertence ao partido político.

O voto do relator foi acompanhado pelos ministros Marco Aurélio e Cezar Peluso, que acrescentaram, ainda, que no sistema proporcional a distribuição das vagas ocorre com base nos votos obtidos pelo partido, de modo que o candidato que se elegeu por uma legenda poderia não ter sido eleito por outra. O voto, com acréscimo, foi acompanhado pelos ministros Carlos Ayres Britto, José Delgado e Caputo Bastos, de modo que a consulta foi respondida afirmativamente.

Assim, ficou vencido o ministro Marcelo Ribeiro, por entender que a ausência de previsão expressa de perda do mandato por infidelidade partidária – no rol do art. 55 da Constituição – não autorizaria a privação do mandato. De acordo com o ministro, o dispositivo legal apresenta um rol taxativo – numerus clausus, tendo o legislador optado por excluir a hipótese da perda do mandato por infidelidade partidária. Ressaltou que, em seu entendimento, os arts. 25 e 26 da Lei n.º 9.096/95 não se aplicariam à hipótese da consulta, por tratar de norma interna do partido político. Por fim, citou precedentes[17] do Supremo Tribunal Federal no sentido de reconhecer que a Constituição de 1988 não acolheu a perda de mandato por infidelidade partidária.

Após a resposta à consulta n. 1.398, em 2 de abril de 2007, o Deputado Federal Nilson Mourão (Partido dos Trabalhadores – PT) formulou nova consulta, dessa vez destinada aos cargos majoritários, nos seguintes termos: "[...] Os partidos e coligações têm o direito de preservar a vaga obtida pelo sistema

---

[16] No mesmo sentido, em 2015, o Supremo Tribunal Federal declarou inconstitucional o financiamento de campanhas eleitorais por pessoas jurídicas, conforme ADI 4650, de relatoria do Ministro Luiz Fux.

[17] Os precedentes citados pelo ministro Marcelo Ribeiro foram o Mandado de Segurança n. 20.927 de 1989 (relator Ministro Moreira Alves) e o Mandado de Segurança n. 26.405 de 2004 (relator Ministro Gilmar Mendes). Em ambos os julgados, a corte constitucional entendeu que não seria possível decretar a perda do mandato parlamentar por motivo não previsto expressamente no rol do art. 55, CR/88.

eleitoral majoritário, quando houver pedido de cancelamento de filiação ou de transferência do candidato eleito por um partido para outra legenda?". Dessa vez, o expediente foi distribuído sob o n. 1.407, para relatoria do ministro Carlos Ayres Britto. (BRASIL, 2007d, p.2).

O relator teceu considerações sobre a essencialidade dos partidos políticos no sistema democrático brasileiro, a soberania do resultado das urnas, a exigibilidade de filiação partidária para concorrer ao pleito e a necessidade da formação de vínculos entre os partidos e seus eleitos, destacando as inúmeras atividades desenvolvidas pelas legendas. Neste sentido, o ministro Carlos Ayres Britto esclarece:

> Permeio ou intercalação que se materializa pela assunção de condutas deste *naipe*, **assumidas indistintamente para a disputa de cargos sob o sistema proporcional ou sob o princípio majoritário de eleição:** filiação partidária; escolha dos candidatos em convenção; registro das candidaturas em unidade da Justiça Eleitoral; identificação dos concorrentes pela legenda do partido; celebração de alianças; financiamento de campanha com recursos do fundo partidário; utilização dos espaços de rádio e televisão para o fim de propaganda individual; endosso ou aval ético-ideológico-profissional de cada candidato assim partidariamente disputante da preferência do eleitorado, pois se candidatar por um partido ou coligação **é deles receber uma espécie de atestado de bons antecedentes, pureza de propósitos, apego a regras de disciplina e lealdade associativa, sólido compromisso com ideias** (o perfil ideológico do seu partido). Ideias constitutivas de uma doutrina que se acalenta com verdadeira razão de viver, a tornar impensável o seu arbitrário ou desmotivado abandono após a unção pelas urnas. Tão impensável esse abandono por eles, candidatos já eleitos, quanto pelos partidos mesmos; que não podem desertar nem do seu ideário nem da cobrança de fidelidade por parte daqueles a quem ajudaram a eleger. Afinal, avalista é assim mesmo: tem que velar pelo adimplemento dos compromissos assumidos pela pessoa a quem somente avalizou por lhe parecer digna de confiança. (BRASIL, 2007d, p.12, grifo nosso).

Britto lembrou, ainda, que os cargos majoritários (presidente da República e senador) também constituem mandato político-eletivo e decorrem de representação popular, concluindo:

> Respondo, pois, afirmativamente à consulta que nos é dirigida, para assentar que uma arbitrária desfiliação partidária implica desqualificação para se permanecer à testa do cargo político-eletivo. Desqualificação que é determinante da vaga na respectiva cadeira, a ser, então, reivindicada pelo partido político abandonado. É a única resposta que me

> parece rimada com a Constituição, toante e consoantemente, conforme procurei demonstrar. (BRASIL, 2007d, p. 23).

O ministro José Delgado, por sua vez, acompanhou o relator e acrescentou que a mesma regra utilizada para se reconhecer a incidência do princípio da fidelidade partidária na representação proporcional deveria ser aplicada no sistema majoritário, "sob pena de o sistema ficar com uma função horizontal para as eleições proporcionais e outra vertical, com efeitos em desarmonia com a Constituição Federal, para as eleições majoritárias". (BRASIL, 2007d, p. 24). O voto do relator foi acompanhado pelos ministros Ari Pargendler, Caputo Bastos, Gerardo Grossi, Cezar Peluso e Marco Aurélio.

Portanto, em 2007, o Tribunal Superior Eleitoral firmou posicionamento no sentido de reconhecer a existência do princípio da fidelidade partidária no sistema democrático eleitoral e sua incidência nas relações entre partidos políticos e mandatários, bem como afirmar que a titularidade do mandato pertence à legenda, acarretando a consequente perda de mandato do eleito que se desligasse de sua agremiação.

4.4 A fidelidade partidária enquanto corolário lógico-jurídico do sistema constitucional: mandados de segurança n. 26.602, 26.603 e 26.604 (STF)

O Supremo Tribunal Federal foi provocado sobre a questão da fidelidade partidária, ainda em 2007, por meio de três mandados de segurança, todos impetrados em face de ato do presidente da Câmara dos Deputados Arlindo Chinaglia que negou provimento a pedido administrativo formulado por partidos políticos, deixando de declarar vagos os mandatos de parlamentares que se desligaram de suas legendas. Os processos foram distribuídos sob os números: 22.602[18] (impetrado pelo Partido Popular Socialista – PPS), 22.603[19] (impetrado pelo Partido da Social Democracia Brasileira – PSDB) e 22.604[20] (impetrado pelo partido Democratas – DEM). (BRASIL, 2008a; BRAIL, 2008b; BRASIL, 2008c).

---

[18] Ementa: anexo B.

[19] Ementa: anexo C.

[20] Ementa: anexo D.

Os três *mandamus* foram julgados simultaneamente pela Corte em outubro de 2007[21], inaugurando um novo paradigma sobre a matéria, vez que a jurisprudência consolidada não admitia a perda de mandato do parlamentar em decorrência do desligamento de sua legenda[22]. Durante o julgamento ficaram delineadas duas correntes: a primeira acolhendo os fundamentos da resposta à consulta 1.398 e sua constitucionalidade, e a segunda afirmando a inadmissibilidade da perda do mandato do parlamentar por desligamento da legenda.

A primeira corrente contou com os votos vencedores, capitaneados pelos ministros Celso de Mello (relator do MS 26.603) e Cármen Lúcia (relatora do MS 26.604), cujos entendimentos foram acompanhados pelos ministros Menezes Direito, Cezar Peluso, Gilmar Mendes e Ellen Gracie, que concederam parcialmente a segurança pleiteada. Carlos Ayres Britto e Marco Aurélio foram além, concedendo integralmente a segurança. A divergência dos votos ocorreu apenas em relação à modulação dos efeitos da decisão.

Em suas razões, os julgadores esclareceram que o Tribunal Superior Eleitoral atua na esfera administrativa ao responder consultas, "apreciando, em tese, determinada questão jurídica, em ordem a neutralizar eventual proliferação de demandas e de conflitos sobre a matéria", conforme palavras do ministro Celso de Mello, sem que haja eficácia jurídica vinculante, cabendo aos órgãos competentes da Justiça Eleitoral analisar a matéria em relação ao caso concreto (BRASIL, 2008b, p. 361). Portanto, a resposta elaborada pelo Tribunal Superior Eleitoral não teria o condão de criar, modificar ou extinguir direito, servindo apenas como orientação para o ato jurisdicional, sem qualquer vinculação concreta.

Na oportunidade, foram superadas as preliminares de ilegitimidade ativa, falta de interesse de agir e impossibilidade jurídica do pedido, reconhecendo-se aos partidos políticos o direito de impetrar mandado de segurança para assegurar a proporção de sua representatividade e o resultado das eleições. Os ministros também reafirmaram que compete ao Supremo Tribunal preservar a ordem constitucional, independente de atos administrativos proferidos por outros órgãos. (BRASIL, 2008b, p. 361-365).

---

21 A publicação dos acórdãos ocorreu somente em 2008.

22 Precedentes: Mandado de Segurança n. 20.927 de 1989 (relator Ministro Moreira Alves); Mandado de Segurança n. 26.405 de 2004 (relator Ministro Gilmar Mendes).

Assim, os votos vencedores ressaltaram que a Carta de 1988 estabeleceu os princípios basilares do Estado Democrático de Direito, abrigando um sistema representativo no qual os partidos políticos ocupam lugar central. Ainda que a Constituição não tenha previsto de forma literal a perda do mandato por infidelidade partidária, a interpretação sistemática dos dispositivos constitucionais, e da legislação infraconstitucional, aponta a necessidade de se preservar a titularidade dos mandatos obtidos pelos partidos políticos, sob pena de se retirar eficácia da Constituição.

A esse respeito, o ministro Carlos Ayres Britto afirmou:

> Além do mais, os princípios são os que mais conferem unidade material à Constituição, congruência à Constituição, que não faria do Direito um sistema, um ordenamento se ela própria, Constituição, não fosse um sistema, um ordenamento, além de os princípios dotarem a Constituição de uma espécie de jogo de cintura, de uma versatilidade para acompanhar as mutações do cotidiano, impedindo, muitas vezes, pela sua aplicabilidade, que se precise do recurso a uma reforma oficial, a uma emenda formal.
>
> E os princípios, enquanto normas operantes, operativas impedem que o Direito conheça certas contradições. Geraldo Ataliba dizia que não faz sentido interpretar a Constituição como uma fortaleza de paredes indestrutíveis, protetora de certos bens jurídicos como a autenticidade do regime representativo, a lisura do processo eleitoral, a soberania do voto popular, e fechar essa fortaleza com portas de papelão. Seria o modo mais desinteligente de interpretar a Constituição brasileira. (BRASIL, 2008b, p.537-538).

Na mesma linha, o ministro Cezar Peluso acrescentou:

> E é coisa rudimentar que a reconstituição das normas sistemáticas, sejam regras ou princípios, constitui o cerne da interpretação jurídica, constitucional ou não, enquanto atividade consistente em atribuir significado, não apenas a um texto, mas, quase sempre ou não poucas vezes, a vários textos que, combinados, exprimem normas. Donde, **"a interpretação sistemática o processo hermenêutico, por essência, do Direito, de tal maneira que se pode asseverar que ou se compreende o enunciado jurídico no plexo de suas relações com o conjunto dos demais enunciados, ou não se pode compreendê-lo adequadamente. Neste sentido, é de se afirmar, com os devidos temperamentos, que a interpretação jurídica é sistemática ou não é interpretação".** (BRASIL, 2008b, p. 576, grifo do autor).

Dessa forma, os julgadores reconheceram que a fidelidade partidária é um princípio que decorre do sistema representativo brasileiro, que assegura a soberania popular e dá coesão ao sistema democrático. Assim, a essencialidade dos partidos políticos surge como corolário lógico-jurídico que visa preservar a escolha do eleitor, que opta pelo conjunto de ideias e valores defendidos por determinada legenda, sob pena de subverter-se o sentido das instituições. Neste cenário, a ruptura dos vínculos partidários representa um desvirtuamento da própria soberania popular, como afirma o ministro Celso de Mello:

> A essencialidade dos partidos políticos, no Estado de Direito, tanto mais se acentua quando se tem em consideração que representam eles um instrumento decisivo na concretização do princípio democrático e exprimem, na perspectiva do contexto histórico que conduziu à sua formação e institucionalização, um dos meios fundamentais no processo de legitimação do poder estatal, na exata medida em que o Povo – fonte de que emana a soberania nacional – tem, nessas agremiações, o veículo necessário ao desempenho das funções de regência política do Estado. (BRASIL, 2008b, p. 419).

> É preciso reconhecer, portanto, Senhora Presidente, considerando esse estado de coisas, que **a exigência de fidelidade partidária deve traduzir, na concreção do seu alcance, um valor constitucional revestido de elevada significação político jurídica, a que se impõe dar consequência,** no plano institucional, sob pena de inibição de seu conteúdo eficacial e de respeito, não só ao partido político, mas, sobretudo, à vontade soberana do eleitor. (BRASIL, 2008b, p. 430, grifo nosso).

> **A ruptura dos vínculos de caráter partidário e de índole popular, provocada por atos de infidelidade do representante eleito (infidelidade ao partido e infidelidade ao povo), subverte o sentido das instituições, ofende o senso de responsabilidade política, traduz gesto de deslealdade para com as agremiações partidárias de origem, compromete o modelo de representação popular e frauda, de modo acintoso e reprovável, a vontade soberana dos cidadãos eleitores,** introduzindo fatores de desestabilização na prática do poder e gerando, como imediato efetivo perverso, a deformação da ética do governo, com projeção vulneradora sobre a própria razão de ser e os fins visados pelo sistema eleitoral proporcional, tal como previsto e consagrado pela Constituição da República. (BRASIL, 2008b, p. 446, grifo nosso).

Portanto, os ministros consignaram que a perda de mandato do parlamentar, em virtude de seu desligamento, não pode ser vista como sanção ou punição, mas é consequência jurídica de ato livremente praticado pelo mandatário, que possui o direito e a liberdade de se filiar ao partido que reflita suas convicções ideológicas. Todavia, trata-se de ato lícito que comporta consequência jurídica, de modo que a liberdade do mandatário não está acima dos demais princípios constitucionais. Por isso, considerando-se o arcabouço principiológico da Constituição de 1988, deve ser decretada a perda de mandato do parlamentar que livremente se desliga da legenda que o elegeu. Neste sentido, a ministra Cármen Lúcia afirmou:

> Aliás, **de pouco ou quase nada valeria o voto, se o votado pudesse dele se desvincular no momento seguinte ao do resultado da eleição.**
>
> E também não passaria de balela formal o sistema partidário, a exigência da obrigatoriedade de filiação partidária, se fosse bastante constar ele de uma fórmula legal sem qualquer consequência efetiva e prática no exercício dos cargos políticos para os quais se vota. De se realçar que não se vota para alguém ser tido como eleito, diplomado e empossado. Vota-se para que alguém, assumindo um cargo para o qual se ofereceu como candidato, venha a desempenhar o mandato segundo o que prometeu e fez-se possível no exercício da função política, segundo as condições que se vierem a formar do resultado total proclamado a partir da abertura das urnas. **É no momento pós-eleição que o eleitor tem garantido, ou não, o seu voto. Não é na visita feita à urna.**
>
> **Tenho o afastamento correlato, necessário e insuperável do mandato pelo parlamentar que se desfilie do partido pelo qual se elegeu, pretendendo ou não transmigrar para outro, como indeclinável sacrifício de seu direito, mediante exercício de opção livre e lícita, cuidando-se tão somente de uma consequência jurídica de sua prática:** não pode ele se manter no exercício de um mandato quando o seu titular – partido que o obteve na forma do resultado eleitoral proclamado – já não é por ele integrado.
>
> Não se cuida de uma punição pela ausência de ilicitude da prática do parlamentar. É que, como antes frisei, nem toda consequência é pena. Cometimento lícito também gera consequências, como antes salientado, e essas não são sanções, mas indeclináveis resultantes da atuação do agente. (BRASIL, 2008c, p. 213, grifo nosso).

A corrente vencida, que contou com os ministros Eros Grau, Ricardo Lewandowski e Joaquim Barbosa, defendeu que o princípio da segurança jurídica constitui cláusula pétrea do texto constitucional. Desse modo, as trocas de partidos realizadas pelos parlamentares foram concretizadas com base na Constituição e nos precedentes do Supremo Tribunal Federal, que não admitia a perda do mandato daquele parlamentar que se desligasse de seu partido, motivo pelo qual os mandatários não poderiam ser punidos. Além disso, o ministro Lewandowski argumentou que a via estreita do mandamus não permite ao parlamentar demonstrar se a ruptura do partido decorreu de motivos legítimos, como, por exemplo, uma perseguição política, impedindo que sejam exercidos os direitos constitucionais do contraditório, ampla defesa e devido processo legal. Neste sentido, o ministro Ricardo Lewandowski registrou:

> Mas recordemos também que, em 1985, de forma consentânea com o clima da redemocratização que imperava no País, a Emenda Constitucional n. 24, deu nova redação ao mencionado dispositivo constitucional, suprimindo as hipóteses de perda de mandato por infidelidade partidária, assegurando, ademais, a mais ampla liberdade de criação de partidos políticos, respeitados o regime democrático, o pluralismo partidário e os direitos fundamentais, dentre outros valores.
>
> A Assembleia Constituinte de 1988, não se afastou do espírito que presidiu a elaboração da EC n. 24/85, adotada no ambiente da redemocratização, deixando de incluir no rol do art. 55 da Carta Magna, que trata da perda de mandato de Deputado e Senador, qualquer sanção por infidelidade partidária. (BRASIL, 2008b, p. 502-503).
>
> Ocorre que a via judicial eleita pelos partidos impetrantes não admite, segundo pacífica jurisprudência do Supremo Tribunal Federal, dilação probatória para aferir- se a eventual presença do direito líquido e certo, que exige, como é sabido e ressabido, para a sua aferição prova pré-constituída. Assim, para que se determine a perda de mandato dos parlamentares eleitos que mudaram de legenda, é necessário verificar- se, antes, em respeito ao *due process of law* previsto na Constituição Federal, os motivos que levaram o parlamentar a trocar de partido ou em que condição tal ocorreu. Em outras palavras, seria preciso saber, quando menos, se os parlamentares sofreram, ou não, perseguições políticas ou, então, se o partido político abandonou os ideais que prevaleciam no momento da sua filiação. (BRASIL, 2008b, p. 517-518).

Pontua-se que, o ministro Eros Grau, relator do mandado de segurança n.º 26.602, não conheceu dos *mandamus*, sob a alegação de inexistência de ato ilegal praticado pela autoridade coatora, vez que a perda de mandato jamais poderia ser declarada pelo presidente da mesa diretora da Câmara dos Deputados, mas decorreria de processo próprio. (BRASIL, 2008a).

Ao término do julgamento, o Supremo Tribunal Federal reconheceu a essencialidade dos partidos políticos e a recepção do princípio da fidelidade partidária pela Constituição de 1988. Afirmou, também, que o mandato é fruto da vontade soberana do povo, cuja titularidade pertence à legenda, não aos eleitos. Todavia, considerando a mudança do entendimento jurisprudencial da corte, os ministros decidiram modular os efeitos da decisão, a fim de que fosse aplicável somente a partir da resposta à consulta 1.398, realizada em 27 de março de 2007 (vencidos os Ministros Carlos Ayres Britto e Marco Aurélio).

Por fim, o Tribunal registrou que, para se garantir o direito de defesa daqueles parlamentares que se desligassem legitimamente de seus partidos políticos, como na hipótese de eventual perseguição política, seria necessário que o Tribunal Superior Eleitoral regulamentasse a matéria por meio de resolução, garantindo-se os princípios do devido processo legal, ampla defesa e contraditório:

> Nada impedirá que o E. Tribunal Superior Eleitoral, à semelhança do que se registrou em precedente firmado no caso de Mira Estrela/SP (RE 197.917/SP), formule e edite resolução destinada a regulamentar o procedimento (materialmente) administrativo de justificação em referência, instaurável perante órgão competente da própria Justiça Eleitoral, em ordem a estruturar, de modo formal, as fases rituais desse mesmo procedimento, valendo-se, para tanto, se assim o entender pertinente, e para colmatar a lacuna normativa existente, da "analogia legis", mediante aplicação, no que couber, das normas inscritas nos arts. 3º a 7º da Lei Complementar n. 64/90. (BRASIL, 2008b, p.454-455).

4.5 Regulamentação do desligamento das legendas: Resoluções TSE n.º 22.610/07 e 22.733/08

Após a sugestão do plenário do Supremo Tribunal Federal, para que o Tribunal Superior Eleitoral regulamentasse a perda de mandato dos parlamentares que mudassem de legenda, a Corte Eleitoral editou a Resolução n. 22.610, em 30 de outubro de 2007, disciplinando "o processo de perda de cargo eletivo, bem como de justificação de desfiliação partidária". O ato normativo estabeleceu rito próprio para o procedimento, atribuindo-lhe prioridade sobre os demais feitos da Justiça Eleitoral. (BRASIL, 2007e).

Todavia, é importante esclarecer que o ato administrativo não versou sobre a regulamentação da fidelidade partidária propriamente dita, que possui sentido e alcance mais abrangentes, aplicando-se a toda a relação entre mandatário e partido. O que se buscou foi regulamentar a transferência do mandatário, de uma legenda para outra, estabelecendo-se as hipóteses em que esse ato configuraria uma ofensa ao princípio da fidelidade partidária. Portanto, é preciso deixar claro que o princípio constitucional da fidelidade partidária abrange mais do que o mero desligamento do parlamentar de sua legenda, na medida em que visa dar coesão e coerência à atuação do parlamentar.

Logo, a resolução instituiu as hipóteses e parâmetros para desligamento do parlamentar de sua legenda, mediante processo célere, com instrução probatória compacta e previsão de término em sessenta dias, assegurando-se o contraditório, a ampla defesa e o devido processo legal. Foi definido o rol dos legitimados para requerer a perda do mandato, prerrogativa conferida ao partido político, Ministério Público ou terceiro interessado[23]. Em caso de desligamento por "motivo justo", a resolução também garantiu ao mandatário o direito de requerer ao Tribunal a "declaração de existência de justa causa" para sua desfiliação, conforme §3º[24], art. 1º, da Resolução. (BRASIL, 2007e).

Ao dispor sobre as hipóteses de "justa causa" para a desfiliação do mandatário, o texto criou quatro possibilidades:

> Art. 1º - O partido político interessado pode pedir, perante a Justiça Eleitoral, a decretação da perda de cargo eletivo em decorrência de desfiliação partidária sem justa causa.
>
> § 1º - Considera-se justa causa:
>
> I) incorporação ou fusão do partido;
>
> II) criação de novo partido;
>
> III) mudança substancial ou desvio reiterado do programa partidário;
>
> IV) grave discriminação pessoal. (BRASIL, 2007e)

Por fim, a resolução foi taxativa ao determinar a competência da Justiça Eleitoral para processar e julgar a perda de mandato por infidelidade partidária, estabelecendo que os processos envolvendo mandatos federais tramitariam perante o Tribunal Superior Eleitoral e os demais feitos perante os respectivos Tribunais Regionais.

Posteriormente, a resolução foi republicada sob o n.º 22.733, em 27 de março de 2008, acrescentando-se ao texto, apenas, o art. 11, que impôs a irrecorribilidade das decisões do juiz relator. (BRASIL, 2008d).

---

23 O Tribunal Superior Eleitoral reconheceu a legitimidade do primeiro suplente para formular o pedido de decretação de perda de cargo eletivo, conforme petição 3948149/09. (BRASIL, 2010).

24 Art. 1º - O partido político interessado pode pedir, perante a Justiça Eleitoral, a decretação da perda de cargo eletivo em decorrência de desfiliação partidária sem justa causa. [...] 3º - O mandatário que se desfiliou ou pretenda desfiliar-se pode pedir a declaração da existência de justa causa, fazendo citar o partido, na forma desta Resolução. (BRASIL, 2007e).

4.5.1 A constitucionalidade da Resolução TSE n.º 22.610/07

O Partido Social Cristão e a Procuradoria Geral da República ajuizaram ações diretas de inconstitucionalidade, distribuídas sob os números 3.999 e 4.086, questionando as Resoluções n.º 22.610/07 e n.º 22.733/08 do TSE. Assim, travou-se no Supremo Tribunal Federal uma discussão sobre o poder regulamentar da Justiça Eleitoral e a possibilidade de ato normativo interno daquela Corte dispor sobre perda de mandato eletivo. Ambos os processos foram distribuídos para a relatoria do ministro Joaquim Barbosa e julgados conjuntamente. (BRASIL, 2009a; BRASIL, 2009b).

Naquela oportunidade, os autores da ação alegaram que as resoluções violaram reserva de lei complementar ao determinar que a Justiça Eleitoral seria competente para conhecer e julgar os procedimentos envolvendo perda de mandato parlamentar, em ofensa ao art. 121[25] da Constituição de 1988. Além disso, a resolução teria disciplinado de maneira inovadora a perda de mandato eletivo e estabelecido normas processuais, usurpando competências do Legislativo e do Executivo, conforme arts. 22, I, 48 e 84, IV, da Constituição. Ademais, a resolução teria criado nova atribuição para o Ministério Público Eleitoral e regras de direito material – uma vez que determinou o rol dos legitimados para propositura da ação, infringindo os arts. 128, §5º, e 129, IX, da Constituição.

Dessa forma, o relator esclareceu que, apesar de seu entendimento contrário, passava a acolher a decisão do órgão colegiado, exarada nos Mandados de Segurança 26.602, 26.603 e 26.604, nos quais a Corte Constitucional recomendou a edição de resolução pelo Tribunal Superior Eleitoral. O voto do relator, que foi acompanhado pelos ministros Menezes Direito, Cármen Lúcia, Ricardo Lewandowiski, Carlos Britto, Ellen Gracie, Cezar Peluso e Gilmar Mendes, acolheu a constitucionalidade da resolução, afirmando que a atividade normativa da Corte Eleitoral estaria justificada ante à inércia do legislador e a necessidade de regulamentação do procedimento, sob pena de tornar ineficaz decisão proferida pelo Supremo Tribunal Federal. O ministro Joaquim Barbosa afirmou:

---

[25] Art. 121. Lei complementar disporá sobre a organização e competência dos tribunais, dos juízes de direito e das juntas eleitorais. [...]. (BRASIL, 1988).

> **É nesse quadro excepcional, de carência de meio para garantia de um direito constitucional, marcado pela transitoriedade, que interpreto a adequação da resolução impugnada ao art. 21, IX do Código Eleitoral, este interpretado conforme a Constituição.** O poder normativo do Tribunal Superior Eleitoral se submete, por óbvio, à Constituição. Por seu turno, o texto constitucional comete ao Legislativo o poder-dever de exercer a representação política que lhe foi outorgada e dispor sobre matéria eleitoral, nela consideradas o alcance e o processo que leva à caracterização da infidelidade partidária. [...] A atividade normativa do TSE recebe seu amparo da extraordinária circunstância de o Supremo Tribunal Federal ter reconhecido a fidelidade partidária como requisito para permanência em cargo eletivo e a ausência expressa de mecanismo destinado a assegurá-lo. (BRASIL, 2009a, p. 116-117, grifo nosso).

Oportunamente, o Ministro Marco Aurélio registrou seu entendimento quanto à inadmissibilidade da ADI, pois a Resolução do TSE não configuraria um ato normativo abstrato autônomo, ficando isolado em sua posição. No mérito, ficaram vencidos os ministros Marco Aurélio e Eros Grau, que votaram pela procedência de ambas as ações. Esses ministros entenderem que o Tribunal Superior Eleitoral não foi contemplado com o poder de expedir normas sobre as matérias constantes da resolução, motivo pelo qual a resolução estaria usurpando competência de outros poderes, em flagrante inconstitucionalidade, como declarou o ministro Eros Grau:

> **O Código Eleitoral autoriza o Tribunal Superior Eleitoral apenas, unicamente, exclusivamente a dispor sobre a sua execução [dele, Código Eleitoral] e da legislação eleitoral, sem força suficiente para inovar no ordenamento.** [...]
>
> O fato de toda sorte, é que o TSE não foi contemplado com o poder de expedir normas primárias sobre matéria eleitoral. E nem poderia essa faculdade a ele ter sido conferida pelo Supremo Tribunal Federal que, ao menos ao que me consta, ainda não distribui competências normativas, em lugar da Constituição... Estamos aqui para assegurar a prevalência da Constituição, de modo que me causa espanto e medo o sentimento que de quando em quando não há de ser assim. (BRASIL, 2009a, p. 131-133, grifo nosso).

Portanto, o colegiado do Supremo Tribunal Federal reconheceu a constitucionalidade da Resolução TSE n.º 22.610/07, acolhendo as novas hipóteses de desfiliação por justa causa e consagrando consequências jurídicas para a desfiliação imotivada do mandatário, conferindo efetividade ao princípio da fidelidade partidária. (BRASIL, 2009a).

4.5.2 Inaplicabilidade da Resolução TSE n.º 22.610/07 ao sistema majoritário

Em 2015, a Procuradoria Geral da República ajuizou ação direta de inconstitucionalidade questionando a aplicação da fidelidade partidária em relação aos mandatos obtidos pelo sistema majoritário. O julgamento da questão foi submetido a uma nova composição do Supremo Tribunal Federal[26], uma vez que Menezes Direito, Cezar Peluso, Ellen Gracie, Ayres Britto, Joaquim Barbosa e Eros Grau deram lugar a Roberto Barroso, Teori Zavascki, Rosa Weber, Dias Toffoli e Luiz Fux. A ação foi distribuída sob o n.º 5.081, para relatoria do ministro Roberto Barroso[27]. (BRASIL, 2015b).

Para justificar a propositura da ação, a Procuradoria Geral da República alegou que as ações diretas de inconstitucionalidade 3.999 e 4.086 se limitaram a discutir o poder normativo da Justiça Eleitoral, sem debater pontos substantivos e materiais das resoluções do TSE. Esclareceu que, em seu entendimento, os mandados de segurança 26.602, 26.603 e 26.604 analisaram a questão da fidelidade partidária no sistema proporcional, onde o partido político goza de especial importância. Afirmou que o princípio não deve ser aplicado ao sistema majoritário, uma vez que nesse sobressai a importância do candidato, muitas vezes apoiados por diversos partidos políticos – integrantes de uma mesma coligação. Registrou que, ao contrário do sistema proporcional, no âmbito majoritário, a desfiliação do eleito não gera prejuízo ao partido político, enquanto a perda do mandato que lhe foi confiado pode gerar prejuízo à soberania popular.

Assim, o ministro Roberto Barroso acolheu os argumentos da Procuradoria Geral da República. Em seu voto, afirmou que os mandados de segurança anteriores foram decididos "sob o pano de fundo" do sistema proporcional e que é preciso reconhecer que há grande distinção entre esse e o sistema majoritário: no primeiro, o partido político participa como figura principal, obtendo os votos e o próprio mandato, enquanto no segundo é o candidato quem angaria a simpatia do eleitor e obtém sua confiança.

No entendimento do ministro relator, no sistema majoritário não há o aproveitamento dos votos confiados aos candidatos perdedores, prevalecendo

---

26 Em relação ao julgamento dos Mandados de Segurança 26.602, 26.603 e 26.604 (2007).

27 O ministro ingressou na Corte em 26 de junho de 2013.

somente aqueles destinados ao vencedor, que constituem a manifestação da vontade popular. Dessa forma, permitir que a legenda detenha a titularidade do mandato pode autorizar, na hipótese do mandatário se desligar de seu partido, que um candidato não escolhido pelo povo (ou pertencente a outra legenda) assuma o cargo, retirando efeito jurídico do resultado das urnas, fraudando o exercício da soberania popular e enfraquecendo o sistema democrático. A esse respeito, Barroso registrou:

> O mesmo não ocorre no sistema majoritário. Neste, como a fórmula eleitoral é a regra da maioria e não a do quociente eleitoral, o candidato eleito será o mais bem votado. Como serão desconsiderados os votos dados aos candidatos derrotados, não se coloca o fenômeno da transferência de votos. Assim, no sistema majoritário a "regra da fidelidade partidária" não consiste em medida necessária à preservação da vontade do eleitor, como ocorre no sistema proporcional, e, portanto, não se trata de corolário natural do princípio da soberania popular (arts. 1º, parágrafo único e 14, caput, da Constituição). (BRASIL, 2015b, p. 19).

O ministro prosseguiu afirmando que o objetivo da fidelidade partidária é assegurar que o partido mantenha a representatividade que obteve no certame, preservando a vontade dos eleitores. Todavia, ressaltou que o sistema majoritário permite a escolha de titulares e suplentes que são de partidos distintos, motivo pelo qual não haveria justificativa em se assegurar que a agremiação mantivesse a titularidade do mandato:

> Ademais, se o objetivo da fidelidade partidária é devolver o mandato ao partido político que o conquistou através do voto, a aplicação da perda de mandato ainda menos se justifica para o cargo de Chefe do Poder Executivo. Isso porque não há obrigatoriedade de que titular e vice sejam do mesmo partido. Aliás, não é raro que, por conta das coligações partidárias, os componentes da chapa sejam de distintas agremiações partidárias. Nesses casos, a perda de mandato favoreceria candidato e partido que não receberam votos, em detrimento de candidato que obteve, no mínimo, a maioria absoluta dos votos colhidos no pleito. (BRASIL, 2015b, p. 20).

Por fim, o relator sinalizou ser possível dissociar o candidato de seu partido, não obstante a Constituição da República de 1988 apontar em sentido contrário ao impor a necessidade de filiação partidária para concorrer ao pleito.

Todavia, o ministro Barroso ignorou que parte do eleitorado pode ter conferido seu voto a determinado candidato justamente por encontrar-se vinculado a um partido político, cujo modo ideal de estruturar e funcionalizar o

Estado se alinham com sua visão particular. Na opinião do relator, o eleitor não decide seu voto com base nos valores defendidos pelo partido político, mas tão somente nas aptidões pessoais e carisma do candidato.

O ministro Barroso conclui seu raciocínio afirmando que, no sistema majoritário, há um vínculo frágil entre o eleito e a legenda, motivo pelo qual não deve prevalecer o princípio da fidelidade partidária[28] como mecanismo para assegurar a vontade do eleitor:

> Por fim, cumpre verificar se a alegada centralidade dos partidos políticos na democracia brasileira, decorrente da necessária filiação partidária, do emprego de recursos do Fundo Partidário e de tempo de propaganda em rádio e televisão etc., constitui motivo suficiente para estender a regra da fidelidade partidária ao sistema majoritário. A resposta é negativa. **Com efeito, o vínculo entre partido e mandato é muito mais tênue no sistema majoritário do que no proporcional, não apenas pela inexistência de transferência de votos, mas pela circunstância de a votação se centrar muito mais na figura do candidato do que na do partido.** (BRASIL, 2015b, p. 20, grifo nosso).

O voto do relator foi acompanhado à unanimidade pelos demais ministros do STF, estabelecendo-se nova compreensão no tocante ao princípio da fidelidade partidária, reconhecendo-se sua inaplicabilidade ao sistema majoritário, declarando-se a constitucionalidade parcial da Resolução n.º 22.610, fixada a tese de que "a perda do mandato em razão da mudança de partido não se aplica aos candidatos eleitos pelo sistema majoritário, sob pena de violação da soberania popular e das escolhas feitas pelo eleitor". (BRASIL, 2015b, p. 20).

Portanto, a decisão promoveu mudança da compreensão da Corte Constitucional, na medida em que aponta a possibilidade de dissociação entre a legenda e o candidato no sistema majoritário. Dessa forma, admite-se que o princípio da fidelidade partidária pode não configurar corolário lógico-jurídico necessário do sistema democrático. O paradigma introduziu uma distinção drástica, sinalizando que um princípio constitucional se aplica apenas em campo restrito (sistema proporcional). Ignora-se, portanto, a efetiva participação dos partidos políticos como mecanismo de ação política e social, fragilizando os vínculos e a identidade entre o mandatário e sua legenda.

---

[28] Registre-se que tal entendimento contraria expressamente os fundamentos da Consulta TSE 1.398/07 e fundamentos dos votos proferidos nos mandados de segurança n. 26.602, 26.603 e 26.604.

4.5.3 Consequência indesejada da Resolução TSE n.º 22.610/07

Em que pese a tentativa de fortalecer o sistema democrático e a soberania da vontade do povo, a Resolução n.º TSE 22.610/07 também trouxe uma consequência indesejada: permitir que os mandatários negociem com os dirigentes partidários a titularidade do mandato. Como já afirmado, a resolução buscou regulamentar uma situação específica no tocante à fidelidade partidária, qual seja a migração de parlamentares entre os partidos políticos, a fim de evitar fraude à vontade do eleitor.

Dessa forma, ao disciplinar a transferência de legenda, instituiu a "grave discriminação pessoal" como uma das causas para a desfiliação, sem perda da titularidade do mandato pelo eleito. A finalidade foi evitar que a direção partidária impusesse ao mandatário toda sorte de obrigações, sob a constante ameaça de lhe subtrair o mandato outorgado pelo povo. (BRASIL, 2007e).

Ocorre que essa "justa causa" serviu de pretexto para que alguns parlamentares negociassem com os dirigentes partidários a titularidade de seu mandato. Uma vez estabelecidos os termos, a direção da legenda se encarregava de redigir uma carta atestando a existência de divergência ou perseguição política em relação ao mandatário, constando expressamente renúncia ao seu direito de pleitear a titularidade do mandato. O subterfúgio foi acolhido pelos tribunais, que reconheceram a possibilidade do partido admitir previamente a discriminação e abrir mão do direito de pleitear o mandato. Nesse sentido, a jurisprudência do Tribunal Superior Eleitoral:

> AÇÃO DE PERDA DE CARGO ELETIVO. DEPUTADO FEDERAL. DESFILIAÇÃO PARTIDÁRIA. JUSTA CAUSA. CARTA DE ANUÊNCIA DO PARTIDO POLÍTICO EM RELAÇÃO A FATOS ENSEJADORES DA DESFILIAÇÃO.
>
> A carta em que o partido político reconhece a existência de animosidades em relação ao filiado, bem como anui com a sua desfiliação partidária e a autoriza, é suficiente para a caracterização da justa causa que permite a mudança de legenda, sem a perda do direito ao exercício do cargo.
>
> Agravo regimental a que se nega provimento. (BRASIL, 2014).

Todavia, em alguns casos, a mera existência da carta não bastou para assegurar a titularidade do mandato ao parlamentar trânsfuga. Isto porque, ao estabelecer um rol de legitimados autorizados a pleitear a decretação da perda do cargo eletivo, a resolução possibilitou que outras pessoas figurassem como substituto processual, assegurando que fosse mantida a representatividade resultante das urnas. Assim, o Ministério Público ou o terceiro interessado (suplente) poderiam ajuizar ação judicial requerendo o mandato do trânsfuga, no prazo de 30 dias após o término do prazo do partido político, na hipótese de inércia deste, nos termos do §2º, art. 1º[29], Resolução TSE n. 22.610/07. (BRASIL, 2007e).

A fim de burlar a regra, e impossibilitar o exercício do direito aos interessados, alguns parlamentares passaram a negociar com os partidos a ausência de publicidade do ato de expulsão, limitando-se à comunicação obrigatória a Justiça Eleitoral, conforme art. 21[30], Lei n.º 9.096/95. (BRASIL, 1995). Dessa forma, os partidos evitariam qualquer comunicação às mesas das casas legislativas, à imprensa ou ao público em geral até o término do prazo decadencial. Expirado esse, os mandatários ostentariam publicamente a filiação à nova legenda.

A ideia foi colocada em prática em Minas Gerias, gerando um fato que se tornou inusitado em Belo Horizonte. Em 2013, os vereadores Pablo Cézar de Souza (Pablito) e Leonardo Silveira de Castro Pires (Léo Burguês) realizaram a troca de legendas, mas o painel eletrônico da Câmara dos Vereadores não refletiu a mudança, levando a crer que os mandatários ainda se encontravam filiados aos seus antigos partidos, enquanto transcorria o prazo decadencial de 30 dias. (LACERDA, 2013). Todavia, o fato foi descoberto antes do término do prazo, possibilitando a propositura da ação para decretação da perda do cargo eletivo. Não obstante, os pedidos foram julgados improcedentes, ante a existência da "carta de renúncia" e testemunhas que corroboraram a alegada discriminação[31]. (MINAS GERAIS, 2014).

---

29 Art. 1º - O partido político interessado pode pedir, perante a Justiça Eleitoral, a decretação da perda de cargo eletivo em decorrência de desfiliação partidária sem justa causa. [...] § 2º - Quando o partido político não formular o pedido dentro de 30 (trinta) dias da desfiliação, pode fazê-lo, em nome próprio, nos 30 (trinta) subsequentes, quem tenha interesse jurídico ou o Ministério Público eleitoral. (BRASIL, 2007e).

30 Art. 21. Para desligar-se do partido, o filiado faz comunicação escrita ao órgão de direção municipal e ao Juiz Eleitoral da Zona em que for inscrito. Parágrafo único. Decorridos dois dias da data da entrega da comunicação, o vínculo torna-se extinto, para todos os efeitos. (BRASIL, 1995).

31 Neste sentido é a ementa da ação ajuizada pelo Ministério Público em face do vereador Pablo Cesar de Souza: "Petição. Ação de perda de cargo eletivo por desfiliação partidária. Res. 22.610/2007/TSE. Alegação de ocorrência de grave discriminação pessoal por parte de membros do órgão diretivo partidário municipal e estadual. Para a configuração de grave discriminação pessoal é necessário que os fatos reputados como discriminatórios sejam

Portanto, verifica-se que a Resolução TSE n.º 22.610/07 possibilitou o surgimento de uma situação jurídica indesejada, que favorece as negociações entre parlamentares e direções partidárias, sem que seja observada e respeitada a vontade soberana do povo.

4.6 As minirreformas eleitorais e o princípio da fidelidade partidária

Após os debates administrativos e judiciais sobre a perda do mandato parlamentar na hipótese de mudança de partido, o Poder Legislativo decidiu pôr fim à questão mediante reforma do ordenamento jurídico. Assim, em 29 de setembro de 2015, o Congresso Nacional aprovou alterações nas leis n.º 9.096/95 (Lei dos Partidos Políticos) e n.º 9.504/97 (Lei das Eleições), por meio da promulgação da Lei n.º 13.165/15, que ficou conhecida como "minirreforma eleitoral" de 2015. (BRASIL, 2015a).

A nova legislação serviu para fortalecer o princípio da fidelidade partidária[32], à luz das decisões do STF e TSE, na medida em que buscou robustecer a ligação e dependência entre partido e eleito. Nesse sentido, a reforma alterou a legislação ordinária, inserindo a hipótese expressa da perda do mandato para o parlamentar que deixasse a legenda que o elegeu, salvo se configurada as hipóteses de justa causa, a saber:

> Art. 22-A. Perderá o mandato o detentor de cargo eletivo que se desfiliar, sem justa causa, do partido pelo qual foi eleito.
>
> Parágrafo único. Consideram-se justa causa para a desfiliação partidária somente as seguintes hipóteses:
>
> I - mudança substancial ou desvio reiterado do programa partidário;
> II - grave discriminação política pessoal; e

---

efetivamente repudiados pela consciência jurídico-moral. Testemunhas do mesmo quadro partidário confirmaram a alegada discriminação. Comprovação. Anuência expressa do órgão estadual do partido reconhecendo a grave discriminação pessoal. Existência de justa causa. Precedentes desta Corte e do TSE. Improcedência do pedido" (MINAS GERAIS, 2014).

32 Além disso, a nova lei buscou fortalecer os partidos políticos e a representatividade, na medida em que estabeleceu a cláusula de barreira para candidatos, reduziu o tempo de rádio e televisão para partidos com pouca representação e aumentou o espaço destinado às mulheres. (BRASIL, 2015a).

> III - mudança de partido efetuada durante o período de trinta dias que antecede o prazo de filiação exigido em lei para concorrer à eleição, majoritária ou proporcional, ao término do mandato vigente. (BRASIL, 2015a).

Logo, a alteração legislativa consolidou o que já vinha sendo praticado nos tribunais, introduzindo uma inovação: a possibilidade de alteração de partido para concorrer ao pleito eleitoral seguinte, desde que realizada no período de trinta dias anteriores ao término do prazo de filiação[33] (o expediente ficou conhecido como "janela eleitoral"). A norma possibilitou que, antes do término da legislatura em curso, e do início do período de campanha eleitoral, o parlamentar busque uma legenda mais alinhada com suas ideias e se filie a esta, sem que isso configure ruptura da confiança que lhe foi outorgada pelos eleitores no início de seu mandato. (BRASIL, 2015a).

Posteriormente, em 6 de outubro de 2017, o Congresso Nacional promoveu nova alteração na legislação eleitoral, que também foi batizada de "minirreforma eleitoral", por meio da Emenda Constitucional n.º 97/17 e da Lei n.º 13.488/17. Essa última alteração legal pretendeu fortalecer os partidos políticos no Brasil, impedindo a possibilidade de realização de coligações nas eleições proporcionais e introduzindo a cláusula de desempenho. A fim de garantir o desenvolvimento dos partidos denominados "maiores", também introduziu nova "justa causa" para mudança de legenda, assegurando a manutenção do mandato parlamentar ao eleito.

Pontua-se que essa nova hipótese faz menção à cláusula de desempenho, que confere ao parlamentar eleito a prerrogativa de se transferir para outra agremiação, na hipótese de seu partido político não atingir o desempenho mínimo necessário para ter acesso aos recursos do fundo partidário e do tempo de rádio e televisão, nos termos da nova redação do art. 17, CR/88, que estabelece:

> Art. 17. É livre a criação, fusão, incorporação e extinção de partidos políticos, resguardados a soberania nacional, o regime democrático, o

[33] O prazo de filiação é de seis meses antes das eleições, nos termos da Lei n.º 9.504/97, que determina: "Art. 9º - Para concorrer às eleições, o candidato deverá possuir domicílio eleitoral na respectiva circunscrição pelo prazo de, pelo menos, um ano antes do pleito, e estar com a filiação deferida pelo partido no mínimo seis meses antes da data da eleição." (BRASIL, 1997).

> pluripartidarismo, os direitos fundamentais da pessoa humana e observados os seguintes preceitos: [...]
>
> § 3º Somente terão direito a recursos do fundo partidário e acesso gratuito ao rádio e à televisão, na forma da lei, os partidos políticos que alternativamente:
>
> I - obtiverem, nas eleições para a Câmara dos Deputados, no mínimo, 3% (três por cento) dos votos válidos, distribuídos em pelo menos um terço das unidades da Federação, com um mínimo de 2% (dois por cento) dos voto válidos em cada uma delas; ou
>
> II - tiverem elegido pelo menos quinze Deputados Federais distribuídos em pelo menos um terço das unidades da Federação. [...]
>
> § 5º Ao eleito por partido que não preencher os requisitos previstos no § 3º deste artigo é assegurado o mandato e facultada a filiação, sem perda do mandato, a outro partido que os tenha atingido, não sendo essa filiação considerada para fins de distribuição dos recursos do fundo partidário e de acesso gratuito ao tempo de rádio e de televisão. (BRASIL, 1988).

4.7 Análise crítica da jurisprudência dos tribunais superiores

O Poder Judiciário possui importante função jurisdicional que consiste "na interpretação e aplicação das normas para a resolução de casos concretos", promovendo a pacificação social (FERNANDES, 2017, p. 1157). O que se espera desse Poder é a defesa dos valores fundamentais previamente inseridos no ordenamento jurídico, por meio de processo legislativo. Para tanto, as decisões judiciais devem ser pautadas na legalidade, lógica e coerência, conferindo-se harmonia e efetividade ao arcabouço normativo.

Contudo, no tocante ao princípio da fidelidade partidária, as decisões dos tribunais superiores se mostram contraditórias, destoantes da completude do arcabouço normativo e da lógica sistemática do texto legal. Conforme se constata, chega-se ao ponto de punir a legalidade e premiar a ilegalidade.

4.7.1 Rivalidade entre dirigentes partidários e mandatários

Antes de elaborar a análise crítica da jurisprudência dos tribunais superiores, é preciso esclarecer que as divergências entre líderes partidários e mandatários sempre existiram nos sistemas democráticos. Trata-se de algo inerente à multiplicidade de visões e opiniões, característica fundamental do ambiente político. O embate de ideias proporciona o surgimento de tensões que, muitas vezes, se desdobram em rivalidade.

A esse respeito, Duverger já advertia:

> A história dos partidos britânicos no fim do século XIX mostra que o desenvolvimento das estruturas partidárias gera naturalmente uma rivalidade entre os dirigentes internos e os parlamentares. [...] Não se pode falar de domínio do partido sobre os parlamentares nem de domínio dos parlamentares sobre o partido: de fato, trata-se antes de uma separação dos poderes entre a direção interna e a direção parlamentar, e de uma rivalidade permanente entre elas. (DUVERGER, 1970, p. 411).

Portanto, o importante é não perder de vista que a rivalidade interna visa, sempre, o consenso de ideias e propostas, a fim de se encontrar mecanismos para promover os princípios e valores defendidos pelo partido político. Como já advertia Sartori, as legendas desempenham papel central no processo democrático, sendo responsáveis por promover o consenso de ideias perante as situações mais complexas. Nesse cenário, a coesão do partido político surge como elemento indispensável para o desempenho de sua função. (SARTORI, 1982, p.36-37).

No mesmo sentido, Michels sublinha que a democraticidade da organização partidária permite que qualquer filiado assuma o poder, fato que gera tensão entre os antigos e os novos líderes:

> É verdade que a massa ainda é incapaz de se governar por si mesma; mas é igualmente verdade que cada um de seus membros, por menos que reúna as qualidades, boas ou más, que lhe permitam destacar-se da multidão, pode conquistar o grau de chefe e assumir a direção da mesma.
>
> Ora, essa ascensão de novos chefes sempre acarreta, para aqueles que já estão providos e garantidos, o perigo de ceder seus lugares aos recém-chegados. Por isso, o velho chefe deve manter-se em contato permanente com as opiniões e os sentimentos da massa, a quem ele deve o seu cargo, confessar-se seu instrumento e submeter-se aparentemente, pelo menos, a seu bel-prazer. (MICHELS, 1982, p. 95)

Em que pese a existência dessa rivalidade interna às agremiações, é preciso garantir que esses embates não acarretem prejuízo ao processo eleitoral e democrático. Logo, a segurança da transparência, legalidade e publicidade das deliberações dos partidos políticos compete aos Poderes constituídos, que devem velar para que a solução das controvérsias internas das legendas não implique em fraude ou subversão da vontade soberana do povo, legítimo detentor do poder estatal. (SARTORI, 1982, p. 37).

Nesse ambiente, as normas de disciplina e fidelidade partidária surgem como mecanismo mantenedor de coesão e coerência internas ao partido político, impondo que todos os seus membros atuem sob a luz dos mesmos princípios e valores. Trata-se de garantir que a legenda cumpra a função que lhe foi confiada pelo sistema democrático.

Sobre o tema, Duverger relata que no interior das legendas estabelece-se uma hierarquia natural entre dirigentes e mandatários, mas apenas para permitir a concretização dos princípios e valores defendidos pelo partido. Consequentemente, conclui que "o domínio sobre os parlamentares é o resultado da estrutura geral do partido e de sua orientação de conjunto, muito mais que de processos técnicos particulares" (DUVERGER, 1970, p. 238). De igual forma, Michels afirma:

> Certamente, quando se trata de leis de importância secundária, cada membro do Congresso é livre de votar como melhor lhe parece. Mas nos períodos agitados exige- se dos membros do partido, além da obediência nas decisões do caucus, uma submissão pessoal à autoridade dos chefes reconhecidos do partido (party leaders). (MICHELS, 1982, p. 101).

Em qualquer caso, o objetivo a ser buscado pelos operadores do direito é a harmonia do sistema democrático, a fim de possibilitar que o ambiente político seja um verdadeiro balcão de ideias e opções morais, permitindo a estruturação de um projeto comum de sociedade, como sonhava Samuel Beer (apud Charlot):

> As ideias tem poderoso efeito estabilizar no sistema. Mas são também as ideias que podem dilacerar, com maior violência, uma comunidade política se elas a dividem em vantagens fundamentais de ordem ética e não conseguem reuni-la em determinado consenso. Em tempos mais calmos, era possível ridicularizar a ideia de que o homem político podia ser movido por "ideais abstratos". Com a experiência recente dos estragos da paixão ideológica, estamos pouco inclinados a negar que, para o melhor e para o pior, para a paz e para a guerra, a visão que têm os indivíduos da autoridade legítima e do bem comum exerce um poder de sedução, às vezes terrível, sobre seu comportamento. Feliz o país onde consenso e conflitos são ordenados em uma dialética que faz da arena política ao mesmo tempo um mercado de interesses e um fórum onde se debatem opções morais básicas. (CHARLOT, 1982, p. 47-48).

4.7.2 O paradigma do Supremo Tribunal Federal e a relativização da fidelidade partidária no sistema democrático

Ao responder as consultas 1.398 e 1.407, o Tribunal Superior Eleitoral foi taxativo ao esclarecer os motivos que levaram a Corte a entender pela aplicabilidade do princípio da fidelidade partidária aos sistemas majoritário e proporcional. (BRASIL, 2007c; BRASIL, 2007d). Naquela oportunidade, o Tribunal estabeleceu algumas premissas, conforme se verifica do voto do ministro Carlos Ayres Britto, quais sejam:

a) os partidos políticos ostentam papel de protagonistas do sistema representativo democrático;

b) a ligação entre eleito e partido é elemento essencial que confere identidade ao mandatário;

c) o mandato constitui expressão de uma função política, inconciliável com pretensão de cunho privado;

d) é impensável o abandono do partido político pelo mandatário após a unção das urnas.

A Corte eleitoral ressaltou, ainda, que a função do partido político é assumida "indistintamente para a disputa de cargos sob o sistema proporcional ou sob o princípio majoritário de eleição" (BRASIL, 2007d, p.12).

Seguindo a mesma linha de entendimento, ao julgar os mandados de segurança 26.602, 26.603 e 26.604 o Supremo Tribunal Federal acolheu os fundamentos defendidos pelo TSE, concluindo que:

a) os partidos políticos são instrumentos decisivos na concretização do princípio democrático;

b) as legendas constituem um dos meios fundamentais do processo de legitimação do poder estatal; (BRASIL, 2008b, p. 419)

c) a fidelidade partidária deve traduzir valor constitucional de elevada significação; (BRASIL, 2008b, p. 430)

d) o rompimento imotivado do vínculo entre mandatário e partido político "subverte o sentido das instituições, ofende o senso de responsabilidade jurídica, traduz gesto de deslealdade [...], compromete o modelo de representação popular e frauda [...] a vontade soberana dos cidadãos"; (BRASIL, 2008b, p. 446)

e) não haveria sentido a obrigatoriedade de filiação partidária se o eleito pudesse se desligar do partido sem qualquer consequência prática. (BRASIL, 2008c, p. 213).

Todavia, ao julgar a ADI 5.081, o Tribunal Constitucional (com nova composição) modificou a interpretação sistemática e principiológica anteriormente sustentada para justificar a inaplicabilidade do princípio da fidelidade partidária ao sistema majoritário. A decisão acarretou a diminuição da importância dos partidos políticos, consagrada nas decisões anteriores, uma vez que as novas premissas desprezaram a função dessas agremiações e suas conquistas históricas, interferindo no cerne do próprio sistema representativo. (BRASIL, 2015b).

Para justificar a inaplicabilidade da fidelidade partidária ao sistema majoritário, o relator - ministro Roberto Barroso - alterou a lógica do sufrágio popular, estabelecendo que, no sistema majoritário, o eleitor decide seu voto com base na pessoa do candidato, desprezando o partido político. O ministro estruturou seu raciocínio nas seguintes premissas:

a) o princípio da fidelidade partidária não deve incidir de maneira igual nos sistemas majoritário e proporcional, pois cada um possui lógica própria;
b) permitir que a legenda permaneça com a titularidade do mandato pode acarretar fraude à soberania popular, pois corre-se o risco de autorizar que um candidato com pequena parcela de votos assuma o mandato político, ignorando a vontade da maioria dos eleitores;
c) o sistema majoritário permite a escolha de titulares e substitutos de partidos diversos (em virtude de coligação), de modo que não há necessidade de assegurar a representatividade obtida por determinado partido nas urnas;
d) o vínculo entre candidato e partido político é tênue no sistema majoritário, seja pela inexistência de transferência de votos, seja pela circunstância da votação "se centrar muito mais na figura do candidato do que na do partido" (BRASIL, 2015b, p. 20).

De uma análise da decisão, verifica-se que o relator pressupõe uma cisão da ligação entre partido e candidato, estabelecendo que o segundo é o único (ou mais importante) responsável pela conquista do mandato político, em sentido oposto ao que fora defendido pelo Supremo Tribunal Federal em 2007. Despreza-se o trabalho realizado pela agremiação, e sua importância para o processo democrático, ignorando a existência de atos preparatórios (de atribuição exclusiva do partido) e sua participação durante todo o processo eleitoral.

Importa esclarecer que as premissas utilizadas pelo ministro Barroso contrariam a compreensão doutrinal que se formou sobre a natureza e importância dos partidos políticos no processo democrático, exposta em capítulos anteriores. Os cientistas políticos concordam que as legendas surgem como fenômeno sociológico e atuam como mecanismo aglutinador e catalizador das ideias populares, sempre comprometidos com a ação política. Atuam não apenas no momento das eleições, mas em todas as fases do processo democrático e eleitoral, seja antes, durante ou após o pleito. A esse respeito, Duverger narra que o surgimento dos partidos políticos modificou a própria natureza do sistema representativo:

> O fato da eleição, como a doutrina da representação, foram profundamente transformados pelo desenvolvimento dos partidos. Não se trata doravante de um diálogo entre eleitor e eleito, Nação e Parlamento: um terceiro se introduziu entre eles, que modifica, radicalmente, a natureza de suas relações. Antes de ser escolhido pelos eleitores, o deputado é escolhido pelo partido: os eleitores só fazem ratificar essa escolha. (DUVERGER, 1970, p. 387).

Assim, o que se constata é que, nas democracias modernas, os partidos políticos assumiram funções indispensáveis ao processo eleitoral, seja em âmbito proporcional ou majoritário, uma vez que lhes compete:

a) filiar eleitores;
b) escolher aqueles aptos a investirem-se em mandato político;
c) atuar durante o período de campanha – valendo-se de sua estrutura organizacional, financeira e ideológica;
d) fiscalizar os eleitos e exigir a execução das promessas de campanha. (BRASIL, 1995).

Além desses encargos específicos, diretamente ligados ao processo eleitoral, o partido também é responsável por:

a) reunir as aspirações populares, transformando-as em bandeiras;
b) promover a conscientização do eleitor e formação política dos cidadãos;
c) realizar a comunicação entre sociedade e Estado. (BRASIL, 1995).

Portanto, não há como se desprezar a participação do partido político no processo eleitoral e na formação política do eleitor, que, acredita-se, produzirá como fruto o voto conferido a determinado candidato.

Ao contrário do que estabelece o ministro Barroso, ao listar os fatores que motivam o voto do eleitor no sistema majoritário (a pessoa e o carisma do candidato), não é possível determinar quais são as causas que levam o eleitor a optar por um candidato, visto que se trata de decisão de foro íntimo, formada por critérios subjetivos e que abrangem uma enormidade de variáveis. Mas, acredita-se que esses fatores estejam vinculados não somente à pessoa do candidato, como, também, aos ideais e valores defendidos pelo partido político. Neste sentido, percebe-se que o número de identificação do candidato na urna eleitoral, pelo qual o cidadão manifesta sua opção, é, sempre e necessariamente, o número representativo do partido político, nos termos do art. 15[34], I, Lei n.º 9.504/97. Assim, como saber se o eleitor votou no candidato ou na legenda?

Ora, a própria escolha dos candidatos para o pleito não é realizada de maneira aleatória ou segundo a vontade e conveniência do candidato, mas mediante processo interno do partido político[35], no qual os pretendentes são apresentados a todos os filiados e seus nomes são submetidos à escolha em convenção. Trata-se de uma decisão colegiada, revestida de legalidade, publicidade e transparência, que conta com a participação dos filiados e contribui para a democraticidade do processo eleitoral. Não basta que o cidadão queira se candidatar, é preciso que ele seja aceito, avalizado e escolhido pelo partido político[36]. Assim, não há dúvidas de que a legenda desempenha função imprescindível para o processo eleitoral, na medida em que a escolha dos

---

[34] Art. 15. A identificação numérica dos candidatos se dará mediante a observação dos seguintes critérios: I – os candidatos aos cargos majoritários concorrerão com o número identificador do partido ao qual estiverem filiados; [...]. (BRASIL, 1988).

[35] A Lei n.º 9.504/97, que trata das normas das eleições, em seus art. 7º e seguintes, estabelece diretrizes gerais para a escolha dos candidatos em convenção, obedecidos os requisitos constantes dos estatutos de cada partido político. A lei estabelece critérios que revestem o procedimento de legalidade e publicidade, conforme se verifica: Art. 8º. A escolha dos candidatos pelos partidos e a deliberação sobre coligações deverão ser feitas no período de 20 de julho a 5 de agosto do ano em que se realizarem as eleições, lavrando-se a respectiva ata em livro aberto, rubricado pela Justiça Eleitoral, publicada em vinte e quatro horas em qualquer meio de comunicação. (BRASIL, 1997).

[36] A respeito do tema, Maurice Duverger afirma que a influência dos partidos no processo de escolha de candidatos varia conforme as características do regime, seja ele de partido único, bipartidário ou pluripartidário. Assim, no sistema de partido único, a escolha dos candidatos é um dos fatores mais relevantes do processo eleitoral e conta com grande influência dos dirigentes partidários. (DUVERGER, 1970, p. 388).

candidatos depende de sua organização e mobilização no período pré- eleitoral. (DUVERGER, 1970, p. 388).

Dessa forma, verifica-se que o voto do ministro Barroso partiu de uma premissa correta – sistemas majoritários e proporcionais possuem particularidades e lógicas de votação distintas; todavia, seu raciocínio, que concluiu pela desnecessidade de aplicação da fidelidade partidária ao sistema majoritário, não apresenta uma conclusão verdadeira, pois são acrescentadas premissas falsas ao raciocínio. (BRASIL, 2015b).

Sobre a distinção da lógica de votação nos dois sistemas, Duverger já observava:

> Os defensores de uma reforma eleitoral calculam sempre os efeitos do sistema deles segundo a distribuição dos sufrágios obtidos pelos partidos, na antiga modalidade de escrutínio; tal é, por exemplo, o método empregado por Hermes para estabelecer que o regime majoritário teria sido menos funesto à Alemanha de Weimar que a representação proporcional. Esses cálculos, porém, são, necessariamente, falsos, pois o primeiro efeito da reforma eleitoral é modificar não só a distribuição das cadeiras, mas também a distribuição dos votos. Os eleitores não votam do mesmo modo em regime majoritário que em regime proporcional; em dois turnos, do mesmo modo que em turno único; em escrutínio de lista, do mesmo modo que em escrutínio uninominal. (DUVERGER, 1970, p. 411).

Todavia, a existência de mecanismos diferentes não autoriza a inobservância dos princípios constitucionais. Como bem observado pelo ministro Ayres Britto durante o julgamento dos três mandamus de 2007: "os princípios são os que mais conferem unidade material à Constituição, congruência à Constituição". (BRASIL, 2008b, p. 537). Em vez de simplesmente declarar a inaplicabilidade de um princípio constitucional, é necessário, antes, buscar a harmonização deste princípio com as demais normas constitucionais. Afinal, os princípios são normas estruturais e finalísticas, com alto grau de indeterminação, como ensina Humberto Ávila:

> Os princípios são, portanto, normas que atribuem fundamento a outras normas, por indicarem fins a serem promovidos, sem, no entanto, preverem o meio para a sua realização. Eles apresentam, em razão disso, alto grau de indeterminação, não no sentido de mera vagueza, presente em qualquer norma, mas no sentido específico de não enumerarem exaustivamente os fatos em presença dos quais produzem a consequência jurídica ou de demandarem a concretização por outra norma, de modos diversos e alternativos. Desse modo, a defectibilidade é apenas

> um elemento contingente dos princípios, como sustenta Guastini. O seu elemento essencial é a indeterminação estrutural: princípios são prescrições finalísticas com elevado grau de generalidade material, sem consequência específica previamente determinadas. (ÁVILA, 2015, p. 155).

Dessa forma, apesar de possuírem lógicas de votação distintas, tanto o sistema proporcional quanto o sistema majoritário devem se sujeitar ao princípio constitucional da fidelidade partidária. Seja porque trata-se de norma estrutural e finalística, seja porque o arcabouço legal permite a harmonia entre o princípio e a regra. Em verdade, mais do que permite, impõe sua observância, visto que estabelece a obrigatoriedade de filiação partidária para se concorrer a qualquer cargo eletivo, independentemente de seu sistema eleitoral. (ÁVILA, 2015, p. 156).

Assim, para se chegar a uma conclusão lógica no tocante à aplicação do princípio da fidelidade partidária, é preciso estabelecer, como premissa, que se está diante de um princípio estruturante do sistema eleitoral e do processo democrático. De tal modo, o princípio não pode ser, em nenhuma hipótese, ignorado. Caso o constituinte desejasse criar uma exceção legal, poderia tê-lo feito consignando tal opção no texto constitucional. (ÁVILA, 2015, p. 156).

Oportuna a transcrição de trecho de obra jurídica subscrita pelo relator – ministro Roberto Barroso, sobre os métodos de interpretação da constituição, em que esse afirma a necessidade de se conferir harmonia ao texto constitucional:

> O método sistemático disputa com o teleológico a primazia no processo interpretativo. O direito objetivo não é um aglomerado aleatório de disposições legais, mas um organismo jurídico, um sistema de preceitos coordenados ou subordinados, que convivem harmonicamente. A interpretação sistemática é fruto da ideia de unidade do ordenamento jurídico. Através dela, o intérprete situa o dispositivo a ser interpretado dentro do contexto normativo geral e particular, estabelecendo as conexões internas que enlaçam as instituições e normas jurídicas. (BARROSO, 2001, p. 135).

Dando continuidade às suas premissas, o relator Roberto Barroso também defende que aplicar o princípio da fidelidade partidária ao sistema majoritário pode fraudar a vontade soberana do povo, visto que se desprezaria a maioria dos votos do eleitorado. Todavia, essa tese não convence. Ora, o sistema eleitoral é composto de regras pré-definidas, que são conhecidas de antemão pelo eleitor. Assim, devemos pressupor que o cidadão escolhe seu voto considerando as normas existentes no ordenamento jurídico no momento da eleição.

Se tais regras permitem ao candidato menos votado assumir o lugar daquele mais votado (em caso de substituição do titular), não há que se falar em fraude ou subversão da vontade popular, vez que inexiste surpresa para o eleitor, que poderia ter votado de forma diversa no momento do pleito, escolhendo candidatos de um mesmo partido político ou, mesmo, anulando seu voto.

De igual forma, não se pode fragilizar o princípio constitucional da fidelidade partidária sob alegação de que o sistema majoritário permite "alianças por partidos diversos", muitas vezes ideologicamente opostos, como ocorre no caso das coligações. Afinal, trata-se de hipótese prevista pelo ordenamento constitucional, conforme art. 17[37], §1°, CR/88, na qual se almeja conferir maior participação ou importância para determinados partidos no processo eleitoral. É um expediente político, na medida em que as legendas podem negociar a participação dos partidos no futuro governo em troca de capital político e outros auxílios durante o período eleitoral. A hipótese foi previamente prevista pelo legislador e expressamente inserida no texto constitucional. (BRASIL, 1988).

Portanto, a representatividade resultante das urnas deve ser respeitada em qualquer caso, permitindo-se que o partido que auxiliou a eleger determinado candidato conserve o voto de confiança que lhe foi entregue pelos eleitores. Entretanto, essa representatividade está sujeita às regras do próprio sistema eleitoral, que facultava a realização das coligações. Assim, eventual vacância do cargo e posterior preenchimento por substituto de partido diverso não configura fraude à soberania popular, uma vez que o cidadão manifestou sua vontade ao escolher determinados candidatos vinculados a partidos constantes, ou não, de uma mesma coligação.

Por fim, é preciso lembrar que o voto do ministro Barroso simplesmente afirma que no sistema majoritário a escolha do eleitor não ocorre com base nos valores defendidos pelo partido, levando a crer que pouco importa se o candidato se encontra filiado a um partido de direita, esquerda ou centro. Contudo,

---

[37] Art. 17. É livre a criação, fusão, incorporação e extinção de partidos políticos, resguardados a soberania nacional, o regime democrático, o pluripartidarismo, os direitos fundamentais da pessoa humana e observados os seguintes preceitos: [...] § 1º É assegurada aos partidos políticos autonomia para definir sua estrutura interna, organização e funcionamento e para adotar os critérios de escolha e o regime de suas coligações eleitorais, sem obrigatoriedade de vinculação entre as candidaturas em âmbito nacional, estadual, distrital ou municipal, devendo seus estatutos estabelecer normas de disciplina e fidelidade partidária. (BRASIL, 1988).

essa premissa, sem qualquer embasamento empírico ou científico, estabelece, de maneira peremptória, que o eleitor vota unicamente na pessoa do candidato. Na prática, desconsidera-se o papel dos partidos políticos no processo eleitoral e no sistema democrático e ignora-se o princípio constitucional que impõe a fidelidade partidária (retirando eficácia da norma do art. 14, §3º, III, CR/88), tudo em nome de uma suposta defesa da soberania popular.

Ao acolher o voto relator, a Corte Constitucional ignorou o fato de existirem eleitores que se filiam a determinados partidos por convicção política e ideológica, acarretando colaboração e compromisso com a legenda. Tais eleitores, na maioria das vezes, confiam seu voto ao candidato do partido, independente do carisma pessoal do postulante ao cargo eletivo, bastando que esse tenha sido previamente escolhido pela legenda. Isto porque, o vínculo associativo partidário se forma justamente com o propósito de se alcançar um projeto comum, do qual o filiado se sente parte, responsável. O voto desse eleitor tem exatamente o mesmo peso dos demais e não pode ser simplesmente desprezado. Ora, se o esforço coletivo dos filiados de determinado partido contribuiu definitivamente para a eleição de um candidato a cargo majoritário, não é justo que, após eleito, o mandatário deixe a legenda e leve consigo a titularidade do mandato.

Sobre a questão, Fábio Ferreira e Thiago Pádua, advertem que, ao julgar a ADI 5.081, o Supremo Tribunal Federal dilacerou o sistema democrático na medida em que chancelou um papel secundário aos partidos políticos, ainda que sem qualquer base legal, empírica ou científica. Na opinião dos autores, a Corte pautou-se em uma visão estreitamente neoconstitucionalista[38], subvertendo a lógica do texto constitucional, em confronto com seus próprios precedentes:

> Observamos muitos problemas com essas alegações do voto condutor. Não há empirismo algum para falar que os eleitores não se recordam em quem votaram, e sobre essa questão com uma suposta ausência de prestação de contas dos eleitos. Mais do que isso, é uma louvável opinião

[38] Segundo Pádua e Ferreira, Humberto Ávila caracteriza o neoconstitucionalismo, dentre outros fundamentos, "com a ideia de 'mais princípios, menos regras', 'mais ponderação, menos subsunção', 'mais Judiciário, menos Legislativo e Executivo'. Para os autores, o postulado neoconstitucional acredita 'ser a jurisdição responsável pela incorporação dos 'verdadeiros valores' que definem o direito justo' e acaba depositando suas esperanças no protagonismo judicial" (FERREIRA; PÁDUA, 2015, p. 256).

> política que melhor se enquadraria alguns metros adiante, numa das outras pontas da praça dos três poderes, vale dizer, no Congresso Nacional.Mas a parte central do julgamento da ADI 5081 encontra-se na diferenciação entre a aplicação do conceito de fidelidade partidária aos modelos proporcional e majoritário, e a utilização da palavra "lógica" por parte do senhor ministro relator, quando menciona que a fidelidade partidária não se aplica ao sistema majoritário, pois "além de incompatível com a sua lógica, acaba por violar a soberania popular, pedra de toque da democracia".
>
> Ou seja, como se pode observar, estamos diante de uma "lógica" que vai se alterando com o passar dos casos julgados, e se transformando ao sabor dos novos ministros. (FERREIRA; PÁDUA, 2015, p. 246).

A decisão da ADI 5081 causa surpresa, principalmente pelo fato de, em 2007, a Corte ter reconhecido o papel essencial dos partidos políticos, assumindo que lhes foram conferidas prerrogativas para atuar na defesa do interesse público[39], garantindo-lhes acesso a espaços que não estão à disposição dos interesses privados (como rádio e televisão, fundo partidário e utilização de locais públicos para suas atividades).

Finalmente, parece que a decisão proferida pelo STF em 2015 está mais alinhada a um posicionamento político e menos comprometida com o arcabouço constitucional. O julgado fragiliza o princípio da fidelidade partidária, relativizando a construção principiológica anteriormente sustentada pela própria Corte Constitucional. O precedente diminui a importância do partido político no processo democrático, após um longo período de afirmação e fortalecimento das legendas, ignorando sua função de mecanismo aglutinador e transformador dos anseios sociais. (FERREIRA; PÁDUA, 2017, p. 246).

4.7.3 A distinção entre desfiliação voluntária e expulsão

A decisão dos mandados de segurança 26.602, 26.603 e 26.604 foi recepcionada como fortalecimento dos partidos políticos e da própria democracia. Em que pese o paradigma ser considerado um divisor de águas, favorecendo o estreitamento das relações entre partidos e mandatários, houve, por outro

---

[39] A respeito do tema, o Supremo Tribunal Federal reiterou o papel essencial dos partidos políticos ao declarar inconstitucional o financiamento de campanhas por pessoas jurídicas, na medida em que se permitiria que capitais privados se apropriassem do espaço público e da própria democracia. (BRASIL, 2016b).

lado, uma construção jurídica que estimula a infidelidade partidária. Trata-se da diferenciação entre desligamento por ato voluntário e por expulsão. (BRASIL, 2008c).

De acordo com a relatora do MS 26.604, ministra Cármen Lúcia, ao se desligar voluntariamente do partido político, o parlamentar comete um ato lícito e voluntário (desfiliação de associação) que possui uma consequência jurídica (renúncia ao mandato). Ao construir suas premissas, a ministra defendeu que a liberdade de associação é um dos pilares do Estado Democrático de Direito[40], motivo pelo qual o cidadão pode se filiar ou desfiliar do partido a qualquer momento, não estando obrigado a manter-se vinculado a nenhuma associação contra a sua vontade ou consciência. Todavia, quando este cidadão, investido em mandato eletivo, materializa seu desligamento voluntário do partido, este ato implica em renúncia do mandato, a fim de se assegurar a proporção representativa resultante das urnas. (BRASIL, 2008c).

No entendimento da Ministra, diferente é o caso do parlamentar que é expulso da legenda, independente do motivo. Nessa segunda hipótese, há a ruptura do vínculo entre mandatário e partido, entretanto, por estar ausente a voluntariedade de desligamento do mandatário, não há que se falar em renúncia (que é ato voluntário). Assim, não se pode admitir, nesse caso, a perda do mandato, pois o fato configuraria sanção não prevista no rol do art. 55, CR/88. (BRASIL, 2008c, p.215).

Portanto, ao acolher a tese da relatora, o Supremo Tribunal Federal passou a considerar que a conservação do mandato parlamentar está intrinsecamente ligada à voluntariedade do desligamento do eleito de sua legenda. Essa compreensão inaugurou um novo problema: a hipótese em que o parlamentar comete ato ilícito a fim de se desligar de seu partido, levando consigo o mandato outorgado pelo povo. (BRASIL, 2008c, p.216).

Conforme a jurisprudência praticada pela Corte Constitucional, o parlamentar que infringe as diretrizes ou normas de seu partido comete um ato ilícito, passível de expulsão da legenda. E não poderia ser de outra maneira,

[40] Nesse sentido, a CR/88 determina: Art. 5º - Todos são iguais perante a lei, sem distinção de qualquer natureza, garantindo-se aos brasileiros e aos estrangeiros residentes no País a inviolabilidade do direito à vida, à liberdade, à igualdade, à segurança e à propriedade, nos termos seguintes: [...] XVII – é plena a liberdade de associação para fins lícitos, vedada a de caráter paramilitar; [...]. (BRASIL, 1988).

visto que exigir de seus eleitos e filiados disciplina e fidelidade é um dever dos partidos políticos, a quem também compete velar pela execução e o cumprimento das promessas de campanha, sempre em harmonia com os princípios e valores defendidos pela legenda.

Entretanto, caso o partido opte por expulsar o parlamentar que lesou as normas internas, disciplina ou diretrizes da agremiação, este não conserva o direito de permanecer na titularidade do mandato. Isto porque, nesse caso, a perda do mandato configuraria sanção. Assim, por se tratar de rol numerus clausus, a Corte Constitucional entendeu que não seria possível alterar a regra do art. 55, CR/88, acrescentado nova hipótese (não prevista pelo legislador). Neste sentido, o voto do Ministro Carlos Ayres Britto no MS 26.603:

> Verdade – não se nega – que o nosso Magno Texto Federal se fez silente quanto a essa modalidade de renúncia tácita. Não menos verdadeiro, porém, que ele também silenciou quanto a qualquer tipo de vacância que não a resultante da infringência a determinadas proibições, ou do cometimento de certos ilícitos, de pronto listados (art. 55). Somente falou de renúncia a cargo parlamentar em uma única oportunidade (§ 4º do art. 55), mas justamente para impedir a consumação dos seus efeitos, quando já em curso processo tendente à perda do mandato do renunciante. (BRASIL, 2008b, p. 551).

O resultado desse entendimento é que o parlamentar infiel pode ser penalizado com a exclusão dos quadros partidários, mas não pode sofrer a perda da titularidade do mandato. Na prática, mediante o cometimento de um ato ilícito, o mandatário adquire o direito de se desligar do partido e conservar o mandato. Constata-se o advento de uma nova lógica jurídica, na qual o ato lícito acarreta a perda do mandato, enquanto o ato ilícito proporciona sua manutenção. Na prática, verifica-se que, apesar de ambas as hipóteses não estarem expressamente previstas no rol do art. 55, CR/88, em um caso a Corte entende pela perda do mandato, mas em outro não.

Foi com base em tal entendimento que os tribunais superiores consolidaram jurisprudência[41] no sentido de não admitir que o partido político, que expulsou um mandatário, requeira a titularidade do mandato perante o Poder Judiciário. Nega-se a própria legitimidade ad causam à agremiação, afirmando que se o partido expulsou o filiado, este não possui interesse em permanecer

[41] Neste sentido: AGRAVO REGIMENTAL NA PETIÇÃO. ELEIÇÕES 2014. AÇÃO DE PERDA DE MANDATO ELETIVO POR DESFILIAÇÃO PARTIDÁRIA. DEPUTADO FEDERAL.

na titularidade do mandato. Assim, exclui-se do campo da análise jurídica a hipótese em que o mandatário comete, voluntariamente, um ato ilícito para ser desligado do partido que o elegeu. (BRASIL, 2011).

A esse respeito, verifica-se que o Tribunal Superior Eleitoral analisou diversos casos dessa natureza, dentre os quais destacamos os Agravos Regimentais em Agravo de Instrumento 388.907/10 (relatora Ministra Cármen Lúcia) e 205.56/11 (relator Ministro Arnaldo Versiani). Em ambos os processos ficou definido que o parlamentar expulso de uma legenda conserva o direito de permanecer na titularidade do mandato. (BRASIL, 2012a; BRASIL, 2012b), pois, no entendimento dos tribunais superiores, não houve ato voluntário de desligamento da legenda.

A título de ilustração, constata-se que, nos autos do Agravo Regimental em Agravo de Instrumento 388.907/10, a Ministra Cármen Lúcia reiterou a linha de raciocínio defendida no voto do MS 26.604, sustentando que a titularidade do mandato está intrinsecamente ligada a voluntariedade do desligamento do parlamentar:

> Isso porque o ato de desfiliação não se confunde com o de expulsão. O primeiro é praticado por iniciativa do filiado que opta voluntariamente pelo seu desligamento da agremiação partidária. O segundo, à sua vez, é imposto pelo partido político, contrariamente à vontade do filiado. Assim, não produzem para o detentor do mandato eletivo as mesmas consequências jurídicas, pois constituem situações distintas.

EXPULSÃO. ATO VOLUNTÁRIO. NÃO CONFIGURAÇÃO. AÇÃO INCABÍVEL. FALTA DE IMPUGNAÇÃO ESPECÍFICA. FUNDAMENTOS NÃO INFIRMADOS. INCIDÊNCIA DOS ENUNCIADOS DE SÚMULAS NOS 26 DO TSE E 182 DO STJ. DECISÃO MANTIDA POR SEUS PRÓPRIOS FUNDAMENTOS. DESPROVIMENTO.

1. O ônus de impugnar os fundamentos da decisão que obstou o regular processamento do seu apelo extremo eleitoral é do Agravante, sob pena de subsistirem as conclusões do decisum monocrático, nos termos dos Enunciados das Súmulas nos 26/TSE e 182/STJ. Precedentes: AgR-AI nº 220-39/SP, Rel. Min. Dias Toffoli, DJe de 26.8.2013 e AgR-AI nº 134-63/SP, Rel. Min. Laurita Vaz, DJe de 3.9.2013. 2. In casu, a ausência de impugnação aos fundamentos do decisum objurgado no tocante à falta de interesse de agir da agremiação partidária constitui razão suficiente para o não provimento do presente regimental. 3. **A infidelidade partidária pressupõe o desligamento voluntário, e sem justa causa, do filiado eleito pela legenda, de modo que não se afigura cabível a propositura de ação de decretação de perda de mandato eletivo por ato de infidelidade partidária quando a desfiliação provém de expulsão do parlamentar, como na hipótese em apreço, nos termos da jurisprudência consolidada por este Tribunal Superior.** 4. Agravo regimental desprovido. (BRASIL, 2017e, grifo nosso).

> Em razão de o Tribunal a quo ter divergido dessa orientação, dei provimento ao agravo de instrumento e, desde logo, ao recurso especial do ora Agravado para modificar o acórdão recorrido e extinguir, sem resolução de mérito, a ação de perda de mandato eletivo por ausência de interesse de agir da agremiação (art. 267, inc. VI, do Código de Processo Civil). (BRASIL, 2012a, p. 3-4).

Ocorre que o entendimento esposado pressupõe que o desligamento voluntário do parlamentar somente ocorre mediante a realização de um ato lícito, qual seja o requerimento de desfiliação. Ou seja, o julgador deixa de apreciar as hipóteses em que este desligamento também decorre de um ato voluntário, porém, ilícito. Ato este que impõe ao partido o dever de expulsar o filiado infiel, a fim de manter a coerência e coesão internas à agremiação.

Assim, ao embasar a decisão unicamente na voluntariedade do ato, em verdade, ignora- se a fidelidade partidária para analisar a adequação do desligamento à Resolução do TSE n.º 22.610/07 (convertida em lei por meio da minirreforma eleitoral). Rejeita-se o princípio constitucional da fidelidade partidária como corolário lógico-jurídico do sistema constitucional, bem como a necessidade de se preservar a opção soberana do povo resultante das urnas, a fim de promover a subsunção do fato à regra infraconstitucional. Na prática, são desprezados os fundamentos que levaram o Tribunal Constitucional, anteriormente, a concluir pela perda do mandato do parlamentar que injustificadamente se desliga de sua legenda.

Ao final, o Tribunal Superior Eleitoral conclui que, se o partido promoveu o desligamento de seu filiado, não possui interesse em permanecer na titularidade do mandato. Todavia, sob um prisma estreitamente jurídico, não é possível identificar qual seria a correlação entre um fato e outro. A maneira como ocorreu o desligamento do filiado importa, e muito, para se compreender se o desligamento do parlamentar de seu partido está, ou não, em harmonia com a vontade soberana do povo, manifestada durante as eleições.

Conforme se percebe, o desligamento do parlamentar do partido pode estar ligado a questões de disciplina e fidelidade partidária. Pontua-se que compete à legenda fiscalizar a atuação de seus candidatos, que foram previamente escolhidos em convenção. Tal fiscalização tem por objeto verificar o comprometimento com as promessas de campanha, o programa do partido político e também a vontade soberana do povo. A faculdade de aplicação da pena de expulsão (respeitados a legalidade, o contraditório e a ampla defesa) é justamente o que obriga o parlamentar a ser fiel àquilo que ele prometeu aos eleitores. Se o desrespeito ao compromisso não acarretar nenhuma infração prática, os projetos da época de campanha jamais passarão de meras promessas.

Ora, atualmente, o ordenamento jurídico não permite que o eleitor recorra ao Judiciário para exigir dos parlamentares comprometimento e coerência com as promessas de campanha. Todavia, confere essa prerrogativa aos partidos políticos, a fim de que seja atribuída eficácia ao processo democrático. Ao impedir que os partidos políticos (em nome do eleitorado) recorram ao Judiciário para exigir que seja respeitada a opção democrática das urnas, os tribunais estão impossibilitando que o povo soberano reivindique a eficácia do processo democrático e eleitoral. Afinal, na hipótese de desligamento voluntário do parlamentar por cometimento de ato ilícito (expulsão), a infração do liame partido-candidato não surtirá qualquer consequência prática, fraudando a democracia e subvertendo a vontade soberana do povo. Essa análise restrita, sem a visão global da situação, em vez de contribuir para o fortalecimento do sistema democrático, permite que parlamentares mal-intencionados se beneficiem da própria torpeza para lesar a soberania do povo.

A esse respeito, formou-se uma jurisprudência pacífica nos tribunais superiores, no sentido de não reconhecer interesse jurídico ao partido que requer o mandato do parlamentar expulso, conforme se verifica da ementa abaixo, extraída do repositório do Supremo Tribunal Eleitoral:

> Eleições 2008. Agravo regimental em agravo de instrumento. Ação de perda de cargo eletivo por desfiliação partidária. Vereador. Expulsão do partido. Previsão de infidelidade partidária somente por desligamento voluntário. Ausência de interesse de agir. Resolução n. 22.610/2007 do Tribunal Superior Eleitoral. Precedentes. Agravo regimental ao qual se nega provimento. (BRASIL, 2012a).

De igual forma, a título de ilustração, depreende-se que na ação de decretação de perda de cargo eletivo, processo n. 205.56/11, ajuizada em face do vereador Leandro Correa da Silva, expulso do Partido Democrático Trabalhista, o réu alegou, em sua defesa, que a expulsão não respeitou os princípios constitucionais do contraditório e da ampla defesa. (BRASIL, 2011). Em que pese o fato configurar, em tese, uma justa causa para a desfiliação, vez que pode caracterizar perseguição política, naquela oportunidade, o Tribunal afirmou que a expulsão (independente da situação ou motivo) acarreta o direito do parlamentar conservar o mandato, vez que não há desligamento voluntário. Nesse sentido, a ementa do processo sintetiza:

> Ação de perda de mandato eletivo. Expulsão.
>
> 1. O TSE tem decidido que se afigura **incabível a propositura de ação de perda de cargo eletivo por desfiliação partidária se o partido expulsa o mandatário da legenda, pois a questão alusiva à infidelidade partidária envolve o desligamento voluntário da agremiação.**
>
> 2. Para rever o entendimento da Corte de origem, de que o partido enviou comunicações ao requerido e à Justiça Eleitoral, **informando a expulsão do vereador dos seus quadros de filiados, sem submetê-lo ao devido processo legal, a configurar grave discriminação pessoal,** seria necessária nova análise do conjunto probatório, o que é vedado em sede especial, nos termos da Súmula nº 279 do Supremo Tribunal Federal.
>
> Agravo regimental não provido. (BRASIL, 2012b, grifo nosso).

Assim, ambos os julgados traduzem a jurisprudência pacífica do Tribunal Superior Eleitoral. Entretanto, o posicionamento da Corte revela-se superficial, na medida em que exclui de apreciação aquelas situações em que o parlamentar conscientemente infringe as normas de disciplina e fidelidade partidária, a fim de que lhe seja garantida a titularidade de seu mandato. Em tais hipóteses, ainda que o partido instaure um processo regular, pautado nos princípios da legalidade, contraditório e ampla defesa, a decisão final sempre será benéfica ao infrator, vez que o partido jamais poderá conservar a titularidade do mandato obtido nas urnas. (BRASIL, 2012a; BRASIL, 2012b).

Portanto, o que se verifica é que a sutil distinção inaugurada pelo Supremo Tribunal Federal apenas incentivou o desrespeito ao princípio da fidelidade partidária, assegurando ao parlamentar infrator a manutenção da titularidade de seu mandato. Afinal, o desligamento lícito e voluntário, transparente e coerente com suas convicções pessoais, pode acarretar a perda do mandato, enquanto o cometimento de infração grave, que justifique sua expulsão do partido, pode assegurar a manutenção do mesmo. Ou seja, a decisão da Corte Constitucional estimula a infração às normas de disciplina dos partidos políticos e lhes retira uma de suas funções essenciais: assegurar o processo democrático durante o exercício da legislatura. (BRASIL, 2008c).

Em 2015, a questão foi definitivamente pacificada pelo Tribunal Superior Eleitoral, que julgou prejudicada a consulta formulada pelos deputados federais Jean Wyllys de Matos Santos e Francisco Rodrigues de Alencar Filho, formulada nos seguintes termos: "Em caso de expulsão de mandatário de cargo eletivo por descumprimento do estatuto e programa partidário, o partido pode reivindicar seu mandato na Justiça Eleitoral?". (BRASIL, 2015c).

Na resposta, o ministro Gilmar Mendes afirmou que o Tribunal já havia se pronunciado sobre a questão no julgamento das ações 388.907/2010 e 205.56/2011. A resposta à consulta foi assim ementada:

> CONSULTA. DEPUTADO FEDERAL. EXPULSAO. PARLAMENTAR. POSSIBILIDADE. APRESENTAÇÃO. AÇÃO DE INFIDELIDADE PARTIDARIA. MATERIA JÁ APRECIADA PELO TSE. PREJUDICIALIDADE.
>
> 1. A jurisprudência desta Corte Superior é firme em ser incabível a propositura de ação de perda de cargo eletivo por desfiliação partidária se o partido expulsa o mandatário da legenda, pois a questão alusiva a infidelidade partidária envolve o desligamento voluntário da agremiação" (AgR-AI n° 205-56/RJ, rel. Mm. Arnaldo Versiani, julgado em 9.12.2012).
>
> 2. Considera-se prejudicada a consulta cujo objeto já foi apreciado pela Corte. Precedente.
>
> 3. Consulta julgada prejudicada. (BRASIL, 2015c).

O que se conclui é que o argumento defendido pelos tribunais superiores carece de lógica jurídica, revelando um tecnicismo que neutraliza o próprio direito. Tal fato permite que os interesses pessoais sejam utilizados em detrimento da vontade soberana do povo[42], assegurando-se que infratores se apoderem dos mandatos eletivos como se fossem propriedade privada. Ou seja, no final, a decisão da Corte Constitucional promove aquilo que ela mesma tentava evitar: a infidelidade partidária. (STREPO, 2014, p. 201)

Não obstante se tratar de princípio constitucional intrínseco ao processo democrático, que visa assegurar a eficácia da vontade soberana do povo, o ordenamento jurídico não confere ao eleitor mecanismos de exigir do eleito fidelidade aos princípios e valores defendidos pelo partido. Não se trata de exigir que o partido político ou mandatário decidam como quer o eleitor, visto que isso impossibilitaria o exercício do mandato parlamentar e tornaria desnecessária a existência das legendas, na medida em que estaríamos diante de mandatos imperativos. Trata-se de facultar ao eleitor mecanismos para exigir de seu candidato fidelidade aos princípios, valores e projetos defendidos durante o período de campanha, enquanto elementos definidores do voto.

---

[42] Para Ricardo Sanín Strepo, muitas vezes a norma é utilizada para negar o que ela deveria afirmar. Para tanto, a classe dominante se vale da linguagem, manipulando conceitos ao seu bel prazer, para lhe conferir aparências que não condizem com a realidade. Criam-se modelos ideais para suprimir e eliminar as diferenças, acarretando em "Constituições encriptadas". (STREPO, 2014, p. 201).

CONSIDERAÇÕES FINAIS

O Estado Democrático de Direito busca superar a igualdade meramente formal para alcançar, também, seu aspecto material, atribuindo eficácia e efetividade aos direitos fundamentais do ser humano. Com vistas a esse objetivo, o constituinte brasileiro elaborou uma Constituição programática cuja finalidade é construir uma sociedade livre, justa e solidária, onde o cidadão figura como copartícipe de um projeto comum de vida e sociedade.

Dessa forma, para atingir as finalidades do Estado, o legislador optou pelo regime democrático e sistema representativo, em que a autoridade estatal é legitimada pela escolha dos próprios cidadãos, mediante eleições livres e periódicas. Todavia, trata-se de um governo do povo em que o povo não está presente no processo de tomada de decisões governamentais. Por isso, a fim de resguardar o interesse coletivo, o constituinte conferiu aos representantes da população um mandato livre, superando a antiga concepção privatística, adicionando o requisito da responsabilidade, impondo ao eleito o dever de zelar pelo bem da coletividade. Significa que os mandatários não estão adstritos ao cumprimento da vontade de seus eleitores, mas devem tomar decisões que resguardem e reflitam os interesses da Nação.

Nesse contexto, o constituinte recepcionou o pluripartidarismo, conferindo às legendas a função de guardiãs do sistema democrático. Isto porque os partidos políticos desempenham o papel de mecanismo aglutinador e catalizador dos anseios populares, competindo-lhes mediar a relação entre povo e Estado. Para tanto, o ordenamento jurídico atribuiu reconhecimento constitucional a essas agremiações, cujos princípios, filosofia, objetivos e programas são previamente disponibilizados ao público por meio de registro no Tribunal Superior Eleitoral. Por fim, dotou-lhes da prerrogativa de selecionar e apresentar os candidatos durante o processo eleitoral e, terminado o pleito, fiscalizar a atuação dos eleitos.

Logo, no sistema brasileiro, o mandato representativo é concebido como fruto da união entre eleito e partido político, competindo ao mandatário nortear sua atuação pelos princípios e valores defendidos pela legenda. Afinal, o sucesso no pleito contou com o capital político e programático da agremiação, além de seu aval, que balizaram os parâmetros que foram apresentados ao eleitorado. Nesse sentido, o Supremo Tribunal Federal reconheceu que o legislador brasileiro outorgou às agremiações o monopólio das candidaturas.

Todavia, apesar de o Brasil ter optado por um modelo de Estado Democrático de Direito, as recentes pesquisas e movimentos populares demonstram que a população não confia nos partidos políticos e não se sente representada pelos mandatários, reivindicando a alteração do sistema político e eleitoral. Fato sintomático foram as manifestações de 2013, denominadas "Jornadas de Junho", que surgiram como um movimento coordenado pela própria população, cuja mobilização ocorreu, principalmente, por meio das redes sociais.

Conforme se constatou, o modelo brasileiro garante a representatividade da população valendo-se de dois sistemas eleitorais: majoritário – que assegura a vontade da maioria – e proporcional – que visa garantir a participação dos grupos minoritários. Em que pese os pontos negativos e positivos de cada modelo, ambos asseguram a participação e manifestação do povo, revelando transparência e democraticidade. Não obstante, a realidade brasileira convive com um efeito indesejado de seu sistema eleitoral: a proliferação dos partidos políticos, que causa confusão e enfraquecimento do caráter programático das legendas. Além disso, o elevado número de agremiações reduz a governabilidade do Estado e dilui a responsabilidade dos parlamentares, na medida em que não é possível identificar facilmente os responsáveis pela condução da política pública.

Nesse contexto, a fim de atender os anseios da população, a classe política realizou duas minirreformas eleitorais (2015 e 2017), cujo objetivo foi reduzir o quantitativo de partidos políticos e fortalecer o caráter programático das legendas. A nova legislação impôs o término das coligações para eleições proporcionais, o financiamento eminentemente público das campanhas, a instituição de cláusula de desempenho e a vedação de candidaturas avulsas. Os reflexos dessas medidas serão sentidos nas próximas eleições gerais, em 2018. Entretanto, o que se percebe é que não basta o esforço da classe política, mas é preciso que o Poder Judiciário acompanhe a pauta de reformas, aplicando as normas ao caso concreto e buscando a gênese das alterações promovidas pelo legislador.

Ademais, em sentido contrário às reformas promovidas pelo Legislativo, constata-se que as decisões recentes dos tribunais superiores fragilizaram a representação política, notadamente o vínculo entre partidos e mandatários, uma vez que os julgados relativizaram o princípio da fidelidade partidária. As cortes superiores ignoraram que o mandato representativo constitui um projeto comum, idealizado por legenda, candidatos e eleitores, projeto esse que exige, para plena eficácia do sistema democrático, correlação entre os valores defendidos durante o período de campanha e a atuação dos mandatários.

Apesar de o Supremo Tribunal Federal ter reconhecido que a fidelidade partidária é um princípio que decorre do sistema representativo, que assegura a soberania popular e dá coesão ao sistema democrático, a Corte ignorou a importância deste princípio quando provocada a se manifestar sobre as hipóteses de desligamento de parlamentares eleitos. Naquela oportunidade, o Tribunal criou a distinção entre desligamento voluntário e expulsão, deslocando o foco da questão para a voluntariedade da desfiliação do mandatário, excluindo da análise jurídica os motivos que culminam em eventual expulsão do parlamentar.

Como se não bastasse, a jurisprudência inaugurada pela Corte Constitucional também contribuiu para limitar a legitimidade ativa dos partidos políticos, impedindo que as legendas exerçam o direito de reivindicarem, em juízo, a titularidade do mandato dos filiados infiéis quando ocorre a expulsão em virtude de cometimento de ato ilícito, em afronta à disciplina partidária. Ou seja, garante-se a manutenção do mandato do eleito sempre que o parlamentar for excluído dos quadros de seu partido, mesmo que, para tanto, cometa um ato ilícito, voluntário e consciente. O fato inusitado subverte a lógica jurídica, punindo-se o ato lícito (desfiliação voluntária) com a privação do mandato e premiando o ato ilícito (expulsão por ofensa à fidelidade partidária) com sua manutenção, sempre sob o argumento da voluntariedade.

Pontua-se, por oportuno, que o ordenamento jurídico não possibilita ao eleitor recorrer ao Poder Judiciário para exigir dos parlamentares comprometimento e coerência com as promessas de campanha. Todavia, confere essa prerrogativa aos partidos políticos, salvo na hipótese analisada, a fim de que seja assegurada a eficácia do processo democrático. Ao impedir que os partidos políticos (em nome do eleitorado) recorram ao Judiciário para exigir que seja respeitada a opção democrática das urnas, os tribunais estão impossibilitando que o povo soberano faça valer o resultado do processo eleitoral.

Portanto, conclui-se que a quebra do liame partido-candidato, por parte do parlamentar infiel, não surtirá qualquer consequência prática, fraudando a democracia e subvertendo a vontade soberana do povo. Este fato reduz os recentes esforços da classe política, que vem se empenhando para fortalecer o sistema partidário, ainda que timidamente ou mesmo aquém do esperado. Assim, se os avanços não forem acompanhados pelo Poder Judiciário, que relativiza princípios constitucionais, é provável que a população continue a não se sentir representada.

REFERÊNCIAS

AGRA, Walber de Moura. As jornadas de junho de 2013 e o seu devir. **Revista Brasileira de Estudos Constitucionais - RBEC.** Belo Horizonte, ano 8. n. 30, p. 671-691, set./dez. 2014.

ALEMANHA. Constituição (1949). **Lei Fundamental da República Federal da Alemanha.** Trad. Assis Mendonça, Aachen. Berlim, 1949. Disponível em: < https://www.btg- bestellservice.de/pdf/80208000.pdf>. Acesso em 16 mar. 2017.

ALVIM, Frederico Franco; CAMPOS NETO, Raymundo. Parecer contrário à adoção do modelo de lista fechada. **Academia Brasileira de Direito Eleitoral e Político** - ABRADEP, abr. 2017. Disponível em: <http://www.abradep.org/publicacoes/parecer-contrario-adocao-do- modelo-de-lista-fechada/>. Acesso em: 16 de outubro de 2017.

ÁVILA, Humberto. **Teoria dos princípios:** da definição à aplicação dos princípios jurídicos. 16. ed. rev. atual. São Paulo: Malheiros, 2015.

BARACHO, José Alfredo de Oliveira. **Direito e Política:** ensaios selecionados. Organização de José Luiz Broges Horta. Florianópolis: Conpedi, 2015.

BARACHO JÚNIOR, José Alfredo de Oliveira; LIMA, Eduardo Martins de (coord.). **Medidas Provisórias no Brasil:** origem, evolução e perspectivas. Belo Horizonte: Fórum, 2013.

BARROSO, Luís Roberto. **Curso de Direito Constitucional contemporâneo:** os conceitos fundamentais e a construção do novo modelo. 3. ed. São Paulo : Saraiva, 2011.

BARROSO, Luís Roberto. **Interpretação e aplicação da constituição:** fundamentos de uma dogmática constitucional transformadora. 4 ed. rev. atual. São Paulo: Saraiva, 2001.

BARROSO, Luís Roberto. **Tratado de Direito Constitucional**, v.1. Coordenadores Ives Gandra da Silva Martins, Gilmar Ferreira Mendes, Carlos Valder do Nascimento. 2 ed. São Paulo: Saraiva, 2012.

BOBBIO, Norberto. **Teoria geral da política:** a filosofia política e as lições dos clássicos. Organizado por Bovero, Michelangelo. Trad. Daniela Beccaccia Versiani. Rio de Janeiro: Elsevier, 2000.

BOBBIO, Norberto. **O futuro da democracia.** Tradução de Marco Aurélio Nogueira. São Paulo: Paz e Terra, 2000.

BONAVIDES, Paulo. **As quatro crises do Brasil constitucional.** In Crise e desafios da constituição: perspectivas críticas da teoria e das práticas constitucionais brasileiras. Coordenador José Adércio Leite Sampaio. Belo Horizonte: Del Rey, 2003.

BONAVIDES, Paulo. **Ciência Política.** 19 ed. São Paulo: Malheiros, 2012.

BONAVIDES, Paulo. **Curso de Direito Constitucional.** 29 ed., atual. São Paulo: Malheiros, 2014.

BONAVIDES, Paulo. **Teoria Geral do Estado.** 8 ed. São Paulo: Malheiros Editores, 2010.

BOVERO, Michelangelo. **Democracia y derechos fundamentales.** Isonomia: Revista de Teoría y Filosofía del Derecho, n. 16, abr. 2002.

BRACARENSE, Mariana Sousa; FERREIRA, Lara Marina; GRESTA, Roberta Maia. Parâmetros de legitimidade da atuação dos partidos políticos no processo jurisdicional eleitoral. **Revista de Doutrina e Jurisprudência do Tribunal Regional Eleitoral de Minas Gerais.** v. 25, 2012. Belo Horizonte.

BRANCO, Paulo Gustavo Gonet; MENDES, Gilmar Ferreira. **Curso de direito constitucional.** 6 ed. rev. e atual. São Paulo: Saraiva, 2011.

BRASIL. Constituição (1934). **Constituição da República dos Estados Unidos do Brasil.** Brasília: Senado, 1934. Disponível em: <http://www.planalto.gov.br/ccivil_03/constituicao/constituicao34.htm> Acesso: 10 out. 2017.

BRASIL. Constituição (1946). **Constituição da República dos Estados Unidos do Brasil.** Brasília: Senado, 1946. Disponível em: <http://www.planalto.gov.br/ccivil_03/constituicao/constituicao46.htm>. Acesso em: 10 out. 2017.

BRASIL. Constituição (1967). **Constituição da República Federativa do Brasil.** Brasília: Senado, 1967. Disponível em: <http://www.planalto.gov.br/ccivil_03/constituicao/constituicao67.htm>. Acesso em: 10 out. 2017.

BRASIL. Constituição (1988). **Constituição da República Federativa do Brasil.** Brasília: Senado, 1988. Disponível em: <http://www.planalto.gov.br/ccivil_03/constituicao/constituicao.htm>. Acesso em 25 nov. 2017.

BRASIL. Decreto-Lei nº 21.076, de 24 de fevereiro de 1932. Decreta o Código Eleitoral. **Diário Oficial da União,** Brasília, 31 dez. 1932. Disponível em: < http://www2.camara.

leg.br/legin/fed/decret/1930-1939/decreto-21076-24-fevereiro-1932- 507583-publicacaooriginal-1-pe.html>. Acesso em: 10 out. 2017.

BRASIL. Decreto-Lei nº 7.586, de 28 de maio de 1945. Regula, em todo país, o alistamento eleitoral e a eleições a que se refere o artigo 4º da Lei Constitucional n. 9, de 28 de fevereiro de 1945. **Diário Oficial da União,** Brasília, 28 mai. 1945. Disponível em: <http://www.planalto.gov.br/ccivil_03/decreto-lei/1937-1946/Del7586.htm>.Acesso em: 6 out. 2017.

BRASIL. Emenda Constitucional n. 1, de 17 de outubro de 1969. Edita o novo texto da Constituição Federal de 24 de janeiro de 1967. **Diário Oficial da União,** Brasília, 20 out. 1969. Disponível em: <http://www.planalto.gov.br/ccivil_03/Constituicao/Emendas/Emc_anterior1988/emc01- 69.htm>. Acesso em: 10 out. 2017.

BRASIL. Emenda Constitucional nº 25, de 15 de maio de 1985. Altera dispositivos da Constituição Federal e estabelece outras normas constitucionais de caráter transitório. **Diário Oficial da União,** Brasília, 16 maio 1985. Disponível em: <http://www.planalto.gov.br/ccivil_03/constituicao/emendas/emc_anterior1988/emc25- 85.htm> Acesso em: 20 out. 2017.

BRASIL. Emenda Constitucional nº 52, de 08 de março de 2006. Dá nova redação ao § 1º do art. 17 da Constituição Federal para disciplinar as coligações eleitorais. **Diário Oficial da União,** Brasília, 09 mar. 2006. Disponível em: <http://www.planalto.gov.br/ccivil_03/constituicao/emendas/emc/emc52.htm>. Acesso em: 20 out. 2017.

BRASIL. Emenda Constitucional nº 97, de 04 de outubro de 2017. Altera a Constituição Federal para vedar as coligações partidárias nas eleições proporcionais, estabelecer normas sobre acesso dos partidos políticos aos recursos do fundo partidário e ao tempo de propaganda gratuito no rádio e na televisão e dispor sobre regras de transição. **Diário Oficial da União,** Brasília, 05 out. 2017a. Disponível em: <http://www.planalto.gov.br/ccivil_03/constituicao/emendas/emc/emc97.htm>. Acesso em: 20 nov. 2017.

BRASIL. Lei nº 4.737 de 15 de julho de 1965. Institui o Código Eleitoral. **Diário Oficial da União,** Brasília, 19 jul. 1965. Disponível em: <http://www.tse.jus.br/legislacao/codigo- eleitoral/codigo-eleitoral-1/codigo-eleitoral-lei-nb0-4.737-de-15-de-julho-de-1965>. Acesso em: 20 out. 2017.

BRASIL. Lei nº 9.096 de 19 de setembro de 1995. Dispõe sobre partidos políticos, regulamenta os arts. 17 e 14, § 3º, inciso V, da Constituição Federal. **Diário Oficial da União,** Brasília, 20 set. 1995. Disponível em: <http://www.planalto.gov.br/ccivil_03/leis/L9096.htm>. Acesso em: 10 nov. 2017.

BRASIL. Lei nº 9.504 de 30 de setembro de 1997. Estabelece normas para as eleições. **Diário Oficial da União,** Brasília, 01 out. 1997. <http://www.planalto.gov.br/ccivil_03/leis/L9504.htm>. Acesso em: 10 nov. 2017.

BRASIL. Lei nº 13.165 de 29 de setembro de 2015. Altera as Leis nos 9.504, de 30 de setembro de 1997, 9.096, de 19 de setembro de 1995, e 4.737, de 15 de julho de 1965 - Código Eleitoral, para reduzir os custos das campanhas eleitorais, simplificar a administração dos Partidos Políticos e incentivar a participação feminina. **Diário Oficial da União,** Brasília, 29 set. 2015a. Disponível em: <http://www.planalto.gov.br/ccivil_03/_ato2015- 2018/2015/lei/l13165.htm>. Acesso em: 01 nov. 2017.

BRASIL. Lei nº 13.487 de 6 de outubro de 2017. Altera as Leis nos 9.504, de 30 de setembro de 1997, e 9.096, de 19 de setembro de 1995, para instituir o Fundo Especial de Financiamento de Campanha (FEFC) e extinguir a propaganda partidária no rádio e na televisão. **Diário Oficial da União,** Brasília, 06 out. 2017b. Disponível em: <http://www.planalto.gov.br/ccivil_03/_ato2015-2018/2017/lei/L13487.htm>. Acesso em: 20 nov. 2017.

BRASIL. Lei nº 13.488 de 6 de outubro de 2017. Altera as Leis nos 9.504, de 30 de setembro de 1997 (Lei das Eleições), 9.096, de 19 de setembro de 1995, e 4.737, de 15 de julho de 1965 (Código Eleitoral), e revoga dispositivos da Lei no 13.165, de 29 de setembro de 2015 (Minirreforma Eleitoral de 2015), com o fim de promover reforma no ordenamento político- eleitoral. **Diário Oficial da União,** Brasília, 06 out. 2017c. Disponível em: <http://www2.camara.leg.br/legin/fed/lei/2017/lei-13488-6-outubro-2017-785551- publicacaooriginal-153918-pl.html>. Acesso em 20 nov. 2017.

BRASIL. Supremo Tribunal Federal. Ação Cautelar n. 4.070/DF. Relator: Min. Teori Zavascki. **Diário de Justiça,** Brasília, 20 out. 2016a. Disponível em: <http://www.stf.jus.br/portal/inteiroTeor/obterInteiroTeor.asp?idDocumento=11899283>. Acesso em: 21 out. 2016.

BRASIL. Supremo Tribunal Federal. Ação Direta de Inconstitucionalidade n. 1.351/DF. Relator: Min. Marco Aurélio. **Diário de Justiça,** Brasília, 29 jun. 2007a. Disponível em: <http://www.stf.jus.br/portal/inteiroTeor/obterInteiroTeor.asp?numero=1351&classe=ADI>. Acesso em: 26 set. 2017.

BRASIL. Supremo Tribunal Federal. Ação Direta de Inconstitucionalidade n. 1.354/DF. Relator: Min. Marco Aurélio. **Diário de Justiça,** Brasília, 29 jun. 2007b. Disponível em: <http://www.stf.jus.br/portal/processo/verProcessoAndamento.asp?incidente=1626351>. Acesso em: 26 set 2017.

BRASIL. Supremo Tribunal Federal. Ação Direta de Inconstitucionalidade n. 3.999/DF. Relator: Min. Joaquim Barbosa. **Diário de Justiça,** Brasília, 17 abr. 2009a. Disponível em: <http://www.stf.jus.br/portal/inteiroTeor/obterInteiroTeor.asp?numero=3999&classe=ADI>. Acesso em: 26 set 2017.

BRASIL. Supremo Tribunal Federal. Ação Direta de Inconstitucionalidade n. 4.086/DF. Relator: Min. Joaquim Barbosa. **Diário de Justiça,** Brasília, 17 abr. 2009b. Disponível em: <http://www.stf.jus.br/portal/inteiroTeor/obterInteiroTeor.asp?numero=3999&-classe=ADI>. Acesso em: 26 set 2017.

BRASIL. Supremo Tribunal Federal. Ação Direta de Inconstitucionalidade n. 4.650/DF. Relator: Min. Luiz Fux. **Diário de Justiça Eletrônico,** Brasília, 24 fev. 2016b. Disponível em: <http://www.stf.jus.br/portal/inteiroTeor/obterInteiroTeor.asp?idDocumento=10329542>. Acesso em: 26 set 2017.

BRASIL. Supremo Tribunal Federal. Ação Direta de Inconstitucionalidade n. 5.081/DF. Relator: Min. Roberto Barroso. **Diário de Justiça Eletrônico,** Brasília, 19 ago. 2015a. Disponível em: <http://www.stf.jus.br/portal/inteiroTeor/obterInteiroTeor.asp?idDocumento=9175293>. Acesso em: 26 set 2017.

BRASIL. Supremo Tribunal Federal. Recurso Extraordinário com Agravo n. 1.054.490/DF. Relator: Min. Roberto Barroso. **Diário de Justiça Eletrônico,** Brasília, 16 out. 2017d. Disponível em: <http://www.stf.jus.br/portal/processo/verProcesso Andamento.asp?incidente=5208032> Acesso em: 16 out. 2017.

BRASIL. Supremo Tribunal Federal. Mandado de Segurança n. 26.602/DF. Relator: Min. Eros Grau. **Diário de Justiça Eletrônico,** Brasília, 17 out. 2008a. Disponível em: <http://www.stf.jus.br/portal/inteiroTeor/obterInteiroTeor.asp?id=555539>. Acesso em: 01 out. 2017.

BRASIL. Supremo Tribunal Federal. Mandado de Segurança n. 26.603/DF. Relator: Min. Celso de Mello. **Diário de Justiça Eletrônico,** Brasília, 19 dez. 2008b. Disponível em: <http://www.stf.jus.br/portal/inteiroTeor/obterInteiroTeor.asp?id=570121>. Acesso em: 01 out. 2017.

BRASIL. Supremo Tribunal Federal. Mandado de Segurança n. 26.604/DF. Relatora: Min. Cármen Lúcia. **Diário de Justiça Eletrônico,** Brasília, 03 out. 2008c. Disponível em: <http://www.stf.jus.br/portal/inteiroTeor/obterInteiroTeor.asp?id=552057>. Acesso em: 01 out. 2017.

BRASIL. Tribunal Superior Eleitoral. Agravo de Instrumento 388.907/RJ. Relatora: Min. Cármen Lúcia. **Diário de Justiça Eletrônico,** Brasília, 09 fev. 2012a. Disponível em: <http://inter03.tse.jus.br/sjur-consulta/pages/inteiro-teor- download/decisao.faces?idDecisao=112673&noChache=-1295985384>. Acesso em 01 nov. 2017

BRASIL. Tribunal Superior Eleitoral. Agravo Regimental em Agravo de Instrumento 20556/RJ. Relator: Min. Arnaldo Versiani Leite Soares. **Diário de Justiça Eletrônico,** Brasília, 23 out. 2012b. Disponível em:< http://inter03.tse.jus.br/sjur-consulta/pages/inteiro-teor-download/decisao.faces?idDecisao=46181&noChache=-982730369>. Acesso em 01 nov. 2017.

BRASIL. Tribunal Agravo Regimental em Petição nº 31126/RS. Relator: Min. Luiz Fux. **Diário de Justiça Eletrônico,** Brasília, 06 abr. 2017e. Disponível em:<http://inter03.tse.jus.br/sjur-consulta/pages/inteiro-teor-download/decisao.faces?idDecisao=127951&noChache=1023158311>. Acesso em 01 nov. 2017.

BRASIL. Tribunal Superior Eleitoral. Agravo Regimental n. 89416/PE. Relator: Min. Henrique Neves Da Silva. **Diário de Justiça Eletrônico,** Brasília, 29 ago. 2014. Disponível em: < http://inter03.tse.jus.br/sjur-consulta/pages/inteiro-teor- download/decisao.faces?idDecisao=50173&noChache=-1454613003 >. Acesso em: 01 nov. 2017.

BRASIL. Tribunal Superior Eleitoral. Consulta 1.398/DF. Relator: Min. Francisco Cezar Asfor Rocha. **Diário de Justiça Eletrônico,** Brasília, 08 mai. 2007c. Disponível em:< http://inter03.tse.jus.br/sjur-consulta/pages/inteiro-teor- download/decisao.faces?idDecisao=28376&noChache=1852763013>. Acesso em 10 out. 2017.

BRASIL. Tribunal Superior Eleitoral. Consulta 1.407/DF. Relator: Min. Carlos Augusto Ayres De Freitas Britto. **Diário de Justiça Eletrônico,** Brasília, 28 dez. 2007d. Disponível em: < http://inter03.tse.jus.br/sjur-consulta/pages/inteiro-teor- download/decisao.faces?idDecisao=29419&noChache=-1243792124>. Acesso em 10 out. 2017.

BRASIL. Tribunal Superior Eleitoral. Consulta 27.785/DF. Relator: Min. Gilmar Ferreira Mendes. **Diário de Justiça Eletrônico,** Brasília, 22 out. 2015b. Disponível em:< http://inter03.tse.jus.br/sjur-consulta/pages/inteiro-teor- download/decisao.faces?idDecisao=52388&noChache=-1785805009>. Acesso em 10 out. 2017.

BRASIL. Tribunal Superior Eleitoral. Recuso Especial n. 3948149. Relator: Min. Ricardo Lewandowski. **Diário de Justiça Eletrônico,** Brasília, 25 ago. 2010. Disponível em: < http://inter03.tse.jus.br/sadpPush/RecuperaArquivo.do>. Acesso em: 01 nov. 2017.

BRASIL. Tribunal Superior Eleitoral. Resolução n.º 22.610, de 25 de outubro de 2007. Disciplina o processo de perda de cargo eletivo, bem como de justificação de desfiliação partidária. **Diário de Justiça Eletrônico.** Brasília, 30 out. 2007e. Disponível em: < http://www.tse.jus.br/legislacao/codigo-eleitoral/normas-editadas-pelo-tse/resolucao--nb0- 22.610-de-25-de-outubro-de-2007-brasilia-2013-df>. Acesso em: 01 nov. 2017.

BRASIL. Tribunal Superior Eleitoral. Resolução n.º 22.733, de 11 de março de 2008. Altera o art. 11 da Resolução-TSE nº 22.610, de 25 de outubro de 2008d. **Diário de Justiça Eletrônico.** Brasília, 11 mar. 2008d. Disponível em: <http://www.tse.jus.br/legislacao- tse/res/2008/RES227332008.htm>. Acesso em: 01 nov. 2017.

BURKE, Edmund. Speech to the Electors of Bristol, on His Being Declared by the Sheriffs Duly Elected One of the Representatives In Parliament for That City, on Thursday, the 3rd of November, 1774" (in: NIMMO, J. C. (ed.). 1887. **The Works of the Right Honourable Edmund Burke**, in Twelve Volumes. V. II. London: s/n. Disponível em: <http://socserv.mcmaster.ca/econ/ugcm/3ll3/burke/Works02.pdf.> Acesso em: 15.set.2012. Tradução de Gustavo Biscaia de Lacerda e revisão da tradução de Leonardo Biscaia.

CANOTILHO, J. J. Gomes. **Direito constitucional e teoria da constituição.** 7 ed., 11 reimpressão. Coimbra – Portugal: Edições Almedina, 2003.

CARVALHO, Kildare Gonçalves. **Direito Constitucional:** Teoria do Estado e da Constituição. 15 ed. Belo Horizonte: Del Rey, 2009.

CARVALHO, Kildare Gonçalves. **Direito Constitucional:** Teoria do Estado e da Constituição. 20 ed. Belo Horizonte: Del Rey, 2013.

CASTRO, Marcelo. **Projeto de Emenda à Constituição n. 77**, de 2003. Suprime o § 5º do art. 14 e dá nova redação ao § 1º do art. 27, ao caput do art. 28, ao inciso I do art. 29, ao parágrafo único do art. 44, aos §§ 1º e 2º do art. 46 e ao caput do art. 82, para pôr fim à reeleição majoritária, determinar a simultaneidade das eleições e a duração de cinco anos dos mandatos para os cargos eletivos, nos níveis federal, estadual e municipal, nos Poderes Executivo e Legislativo. Disponível em: <http://www.camara.gov.br/proposicoesWeb/fichadetramitacao?idProposicao=117975>. Acesso em 18 jun. 2016.

CHARLOT, Jean. **Os partidos políticos.** Trad. Carlos Alberto Lamback. Brasília: Universidade de Brasília, 1982.

COLON, Leandro. PFL vira Democratas e troca de presidente. **G1 Globo**, 28 mar. 2007. Disponível em < http://g1.globo.com/Noticias/Politica/0,,MUL15177-5601,00-PFL+VIRA+DEMOCRATAS+E+TROCA+DE+PRESIDENTE.html>. Acesso em 16 jun. 2017.

CONFIANÇA no presidente, governo federal e Congresso Nacional é a menor em 9 anos. **IBOPE Inteligência**, 28 jul. 2017. Disponível em: <http://177.47.5.246/noticias-e- pesquisas/confianca-no-presidente-governo-federal-e-congresso-nacional-e--a-menor-em-9- anos/>. Acesso em 16 out. 2017.

CONSTANT, Benjamin. **De la Liberté cliez les Modernes.** Trad. Loura Silveira. Da liberdade dos antigos comparada à dos modernos. Le livre de Poche, Collection Pluriel. Paris, 1980. Disponível em <http://www.fafich.ufmg.br/~luarnaut/Constant_liberdade.pdf >. Acesso em 01 abr. 2017.

CUREAU, Sandra. Partidos políticos e eleições no Brasil . **In Temas do direito eleitoral no século XXI.** Organizador André de Carvalho Ramos. Brasília : Escola Superior do Ministério Público da União, 2012.

CUNNINGHAM, Frank. **Teorias da democracia**: uma introdução crítica. Tradução Delmar José Volpato Dutra. Porto Alegre: Artmed, 2009.

CUNHA, Euclides da. **Os Sertões** (campanha de Canudos). São Paulo: Martin Claret, 2002. DALLARI, Dalmo de Abreu. Elementos de Teoria Geral do Estado. 32 ed. São Paulo: Saraiva, 2013.

DOEHRING, Karl. **Teoria do Estado.** Coord. Luiz Moreira. Trad. Gustavo Castro Alves Araújo. Belo Horizonte: Del Rey, 2008.

DUVERGER, Maurice. **Os partidos políticos.** Trad. Cristiano Monteiro Oiticica. Ver. Gilberto Velho. Rio de Janeiro: ZAHAR, 1970.

DUVERGER, Maurice. **As Modernas Tecno-democracias:** Poder Econômico e Poder Político. Tradução Max da Costa Santos. Rio de Janeiro: Paz e Terra S. A., 1975.

FERNANDES, Bernardo Gonçalves. **Curso de Direito Constitucional.** 9ª ed. revista, ampliada e atualizada. Salvador: Juspodivm, 2017. p. 67.

FERRAJOLI, Luigi. Sobre los Derechos Fundamentale". **Revista Cuestiones Constitucionales.** Núm. 15, Julho-Dezembro 2006.

FERREIRA, Fábio Luiz Bragança; PÁDUA, Thiago Santos Aguiar de. Entre o Tribunal e o Parlamento: a atualidade Entre o Tribunal e o Parlamento: a atualidade das lições dos casos de verticalização e fidelidade partidárias no contexto do papel das instituições na reforma política. **Revista da AGU,** Brasília – DF, v. 14, n. 04, p. 231-270, out./dez. 2015.

FRANCO, Afonso Arinos de Melo. **História e teoria dos partidos políticos no Brasil.** 3 ed. São Paulo: Alfa-Omega, 1980.

GOMES, José Jairo. **Direito Eleitoral.** 12 ed. São Paulo: Atlas, 2016.

HELD, David. **Modelos de Democracia.** Tradução Alexandre Sobreira Martins. Belo Horizonte: Paidéia, 1987.

HOBBES, Thomas. **Leviatã,** ou Matéria, forma e poder de um Estado eclesiástico e civil. Trad. Rosina D'Angina. 2ª ed. São Paulo: Martin Claret, 2012.

IBOPE INTELIGÊNCIA. **Figura:** Índice de Confiança Social das Instituições. 28 jul. 2017. Disponível em: <http://177.47.5.246/noticias-e-pesquisas/confianca-no-presidente-governo- federal-e-congresso-nacional-e-a-menor-em-9-anos/>. Acesso em 16 out. 2017

LACERDA, Isabella. Ministério Público pede os cargos de Burguês e Pablito. **O Tempo,** Belo Horizonte, 04 dez. 2013. Disponível em <Ministério Público pede os cargos de Burguês e Pablito>. Acesso em: 18 jun. 2017.

LEAL, Victor Nunes. **Coronelismo, enxada e voto:** o município e o regime representativo no Brasil. 7 Ed. São Paulo: Companhia das Letras, 2012.

LUCAS, John Randolph. **Democracia e participação.** Tradução Cairo Paranhos Rocha. Brasília: Universidade de Brasília, 1985.

LOCKE, John. **Dois tratados sobre o governo.** Tradução Julio Fisher. São Paulo: Martins Fontes, 1998.

MAIA, Gustavo. Câmara rejeita mudança do sistema eleitoral e enterra possibilidade de "distritão". Brasília: **Uol,** 19 set 2017. <https://noticias.uol.com.br/politica/ultimas-noticias/2017/09/19/camara-vota-distritao-da-reforma-politica.htm>. Acesso em 01 out. 2017.

MANCUSO, Wagner Pralon. A reforma política e o financiamento das campanhas eleitorais. In: Marcus (org.). **Reforma política democrática** – temas, atores e desafios. São Paulo: Fundação Perseu Abramo, 2016, p. 83-105.

MATEUS, Jorge. Considerações sobre a representação: o limiar da soberania e da democracia em Rousseau e Sieyès. **Problemata: Revista Internacional de Filosofia,** v. 5, n.2 (2014), p. 68-77. Instituto de Letras e Ciências Humanas da Universidade do Minho, Portugal.

MELO, José Tarcísio de Almeida. **Direito Constitucional do Brasil.** Belo Horizonte: Del Rey, 2008.

MEZZAROBA, Orides. A democracia, os partidos políticos e o Estado. **Sequência: Revista do Curso de Pós-Graduação em Direito da UFSC,** v. 22, n. 43, dez. 2011. Florianópolis.

MEZZAROBA, Orides; SOUZA, Mariana Carvalho de. Democracia e partidos políticos: nexo conceitual e sua manifestação na consolidação do Estado de partidos brasileiro. **Revista História: Debates e Tendências** - v. 15, n.1, jan/jun 2015, p. 140-164.

MICHELS, Robert. **Sociologia dos Partidos Políticos.** Tradução Arthur Chaudon. Brasília: Universidade de Brasília, 1982.

MIGUEL, Luís Felipe. Impasses da *accountability*: dilemas e alternativas da representação política. **Revista de Sociologia Política.** Curitiba, 25, p. 25-38, nov., 2005.

MIGUEL, Luís Felipe; ASSIS, Pedro Paulo Ferreira Bispo. Coligações eleitorais e fragmentação das bancadas parlamentares no Brasil: simulações a partir das eleições de 2014. **Revista de Sociologia Política.** Curitiba, v. 25, n. 60, p. 29-46, dez., 2016.

MILL, John Stuart. **O governo representativo.** 2 ed. Tradução Jacy Monteiro. São Paulo: IBRASA, 1983.

MINAS GERAIS. Tribunal Regional Eleitoral. **Processo n. 524-74.2013.6.13.0000,** Relator: Juiz Wladimir Rodrigues Dias. Belo Horizonte, 13 ago. 2014. Disponível em:

<http://inter03.tse.jus.br/InteiroTeor/pesquisa/Inteiro%20Teor>. Acesso em: 10 out. 2017.

MOTTA, Paulo Roberto. **Movimentos partidários no Brasil:** a estratégia da Elite e dos Militares. Fundação Getúio Vargas: Rio de Janeiro, 1971.

MOURA, Rafael Moraes. Gasto das campanhas eleitorais cai 71%, aponta TSE. **Estadão,** 11 out. 2016. Disponível em: <http://politica.estadao.com.br/noticias/geral,gasto-das--campanhas- eleitorais-cai-71-aponta-tse,10000081602>. Acesso em: 26 out. 2017.

PAES, José Eduardo Sabo. **Fundações, associações e entidades de interesse social:** aspectos jurídicos, administrativos, contábeis, trabalhistas e tributários. 8 ed. Rio de Janeiro: Forense, 2013.

PARTIDOS políticos registrados no TSE. **Tribunal Superior Eleitoral.** Brasília, 01 nov. 2017. Disponível em: <http://www.tse.jus.br/partidos/partidos-politicos/registra-dos-no-tse>. Acesso em: 01 nov. 2017.

PECES-BARBA MARTÍNEZ, Gregorio. Derechos fundamentales. **Revista Jurídica de Castilla-La Mancha,** 1987, n. 2, p. 7-34.

PITKIN, Hanna Fenichel. O conceito de representação. *In* **Política e sociedade,** vol. II. Organização Fernando Henrique Cardoso e Carlos Estevam Martins. São Paulo: Companhia Editora Nacional, 2000.

PLENÁRIO do STF considera "cláusula de barreira" inconstitucional. Brasília: **STF,** 07 dez. 2006. Disponível em: <http://www.stf.jus.br/portal/cms/verNoticiaDetalhe.asp?i-dConteudo=68591>. Acesso em: 16 out. 2017.

RABELLO FILHO, Benjamin Alves. **Partidos políticos no Brasil:** doutrina e legislação. Belo Horizonte: Del Rey, 2001

REGUFFE, José Antônio Machado. Proposta de Emenda à Constituição nº 06, de 2015. Suprime e acrescenta dispositivos à Constituição Federal, possibilitando o lançamento de candidaturas avulsas, independentemente de filiação partidária. Disponível em: <http://www25.senado.leg.br/web/atividade/materias/-/materia/119631>. Acesso em 01 nov. 2017.

RODRIGUES, Tais Erthal. (In)fidelidade partidária: aspectos jurídico-políticos e posicionamento jurisprudencial. **Revista Brasileira de Direito Municipal – RBDM,** Belo Horizonte, ano 8, n.26, out./dez. 2007. Disponível em: <http://www.bidforum.com.br/bid/PDI0006.aspx?pdiCntd=49796>. Acesso em: 14 out. 2017.

ROUSSEAU, Jean-Jacques. **O contrato social.** Tradução Paulo Naves. Porto Alegre: L&PM Pocket, 2015.

SAMPAIO, José Adércio Leite. **Teoria da constituição e dos direitos fundamentais.** Belo Horizonte: Del Rey, 2013.

SARTORI, Giovanni. **A teoria da democracia revisitada:** volume I, o debate contemporâneo. São Paulo: Ática, 1994.

SARTORI, Giovanni. **A teoria da representação no estado representativo moderno.** Tradução Ernesta Gaetani e Rosa Gaetani. Revista Brasileira de Estudos Políticos : Faculdade de Direito de Minas Gerais, 1962.

SARTORI, Giovanni. **Partidos e sistemas partidários.** Tradução Walstensir Dutra. Rio de Janeiro : Zahar; Brasília : Universidade de Brasília, 1982.

SILVA, Adriana Campos; SANTOS, Polianna Pereira dos. O princípio da fidelidade partidária e a possibilidade de perda de mandato por sua violação: uma análise segundo a jurisprudência do Supremo Tribunal Federal. **Revista do Instituto de Hermenêutica Jurídica - RIHJ,** Belo Horizonte, ano 11, n. 14, p. 13-34, jul./dez. 2013.

SILVA, José Afonso da. Crise política e sua solução institucional: reflexões sobre o controle político no Brasil. **Revista Brasileira de Direito Público - RBDP,** Belo Horizonte, ano 13, n. 51, p. 9-18, out./dez. 2015.

SILVA, José Afonso da. **Curso de Direito Constitucional Positivo.** 37 ed. São Paulo: Malheiros Editores, 2014.

SILVA, Patrick et al. Reforma Política no Brasil: indagações sobre o impacto no sistema partidário e na representação. **Opinião Pública,** Campinas, v. 21, n. 1, abr. 2015, p. 1-32.

SOARES, Mário Lúcio Quintão. **Teoria do Estado:** novos paradigmas em face da globalização. 4 ed. São Paulo: Atlas, 2011.

STF vai discutir se candidatura avulsa é constitucional. **STF,** Brasília, 05 out. 2017. Disponível em: <http://www.stf.jus.br/portal/cms/verNoticiaDetalhe.asp?idConteudo=358255>. Acesso em 01 nov. 2017.

STRECK, Lenio Luiz; MORAIS, Jose Luiz Bolzan de. **Ciência Política e Teoria do Estado.** 8 ed. Porto Alegre: Livraria do Advogado Editora, 2014.

STREPO, Ricardo Sanín. **Teoría Crítica Constitucional:** la democracia a la enésima potencia. Valência : Tirant lo Blanch, 2014.

ANEXO A

Relação dos 35 partidos políticos registrados no TSE

SIGLA	NOME	Nº DA LEGENDA
PMDB	PARTIDO DO MOVIMENTO DEMOCRÁTICO BRASILEIRO	15
PTB	PARTIDO TRABALHISTA BRASILEIRO	14
PDT	PARTIDO DEMOCRÁTICO TRABALHISTA	12
PT	PARTIDO DOS TRABALHADORES	13
DEM	DEMOCRATAS	25
PCdoB	PARTIDO COMUNISTA DO BRASIL	65
PSB	PARTIDO SOCIALISTA BRASILEIRO	40
PSDB	PARTIDO DA SOCIAL DEMOCRACIA BRASILEIRA	45
PTC	PARTIDO TRABALHISTA CRISTÃO	36
PSC	PARTIDO SOCIAL CRISTÃO	20
PMN	PARTIDO DA MOBILIZAÇÃO NACIONAL	33
PRP	PARTIDO REPUBLICANO PROGRESSISTA	44
PPS	PARTIDO POPULAR SOCIALISTA	23
PV	PARTIDO VERDE	43
AVANTE	AVANTE	70
PP	PARTIDO PROGRESSISTA	11
PSTU	PARTIDO SOCIALISTA DOS TRABALHADORES UNIFICADO	16
PCB	PARTIDO COMUNISTA BRASILEIRO	21
PRTB	PARTIDO RENOVADOR TRABALHISTA BRASILEIRO	28
PHS	PARTIDO HUMANISTA DA SOLIDARIEDADE	31
PSDC	PARTIDO SOCIAL DEMOCRATA CRISTÃO	27
PCO	PARTIDO DA CAUSA OPERÁRIA	29
PODE	PODEMOS	19
PSL	PARTIDO SOCIAL LIBERAL	17
PRB	PARTIDO REPUBLICANO BRASILEIRO	10
PSOL	PARTIDO SOCIALISMO E LIBERDADE	50
PR	PARTIDO DA REPÚBLICA	22
PSD	PARTIDO SOCIAL DEMOCRÁTICO	55
PPL	PARTIDO PÁTRIA LIVRE	54
PEN	PARTIDO ECOLÓGICO NACIONAL	51
PROS	PARTIDO REPUBLICANO DA ORDEM SOCIAL	90
SD	SOLIDARIEDADE	77
NOVO	PARTIDO NOVO	30
REDE	REDE SUSTENTABILIDADE	18
PMB	PARTIDO DA MULHER BRASILEIRA	35

ANEXO B

Ementa do Mandado de Segurança n. 26.602 – STF, julgado em 04.10.2007.

EMENTA: CONSTITUCIONAL. ELEITORAL. MANDADO DE SEGURANÇA. FIDELIDADE PARTIDÁRIA. DESFILIAÇÃO. PERDA DE MANDATO. ARTS. 14, § 3º, V E 55, I A VI DA CONSTITUIÇÃO. CONHECIMENTO DO MANDADO DE SEGURANÇA, RESSALVADO ENTENDIMENTO DO RELATOR. SUBSTITUIÇÃO DO DEPUTADO FEDERAL QUE MUDA DE PARTIDO PELO SUPLENTE DA LEGENDA ANTERIOR. ATO DO PRESIDENTE DA CÂMARA QUE NEGOU POSSE AOS SUPLENTES. CONSULTA, AO TRIBUNAL SUPERIOR ELEITORAL, QUE DECIDIU PELA MANUTENÇÃO DAS VAGAS OBTIDAS PELO SISTEMA PROPORCIONAL EM FAVOR DOS PARTIDOS POLÍTICOS E COLIGAÇÕES. ALTERAÇÃO DA JURISPRUDÊNCIA DO SUPREMO TRIBUNAL FEDERAL. MARCO TEMPORAL A PARTIR DO QUAL A FIDELIDADE PARTIDÁRIA DEVE SER OBSERVADA [27.3.07]. EXCEÇÕES DEFINIDAS E EXAMINADAS PELO TRIBUNAL SUPERIOR ELEITORAL. DESFILIAÇÃO OCORRIDA ANTES DA RESPOSTA À CONSULTA AO TSE. ORDEM DENEGADA.

1. Mandado de segurança conhecido, ressalvado entendimento do Relator, no sentido de que as hipóteses de perda de mandato parlamentar, taxativamente previstas no texto constitucional, reclamam decisão do Plenário ou da Mesa Diretora, não do Presidente da Casa, isoladamente e com fundamento em decisão do Tribunal Superior Eleitoral.

2. A permanência do parlamentar no partido político pelo qual se elegeu é imprescindível para a manutenção da representatividade partidária do próprio mandato. Daí a alteração da jurisprudência do Tribunal, a fim de que a fidelidade do parlamentar perdure após a posse no cargo eletivo.

3. O instituto da fidelidade partidária, vinculando o candidato eleito ao partido, passou a vigorar a partir da resposta do Tribunal Superior Eleitoral à Consulta n. 1.398, em 27 de março de 2007.

4. O abandono de legenda enseja a extinção do mandato do parlamentar, ressalvadas situações específicas, tais como mudanças na ideologia do partido ou perseguições políticas, a serem definidas e apreciadas caso a caso pelo Tribunal Superior Eleitoral.

5. Os parlamentares litisconsortes passivos no presente mandado de segurança mudaram de partido antes da resposta do Tribunal Superior Eleitoral.

Ordem denegada.

ANEXO C

Ementa do Mandado de Segurança n. 26.603 – STF, julgado em 04.10.2007.

E M E N T A: **MANDADO DE SEGURANÇA - QUESTÕES PRELIMINARES REJEITADAS** - O MANDADO DE SEGURANÇA COMO PROCESSO DOCUMENTAL **E** A NOÇÃO DE DIREITO LÍQUIDO E CERTO - **NECESSIDADE** DE PROVA PRÉ- CONSTITUÍDA - **A COMPREENSÃO** DO CONCEITO DE *AUTORIDADE COATORA*, **PARA FINS** MANDAMENTAIS - **RESERVA** ESTATUTÁRIA, **DIREITO** AO PROCESSO **E EXERCÍCIO** DA JURISDIÇÃO - **INOPONIBILIDADE**, AO PODER JUDICIÁRIO, DA *RESERVA DE ESTATUTO*, **QUANDO INSTAURADO** LITÍGIO CONSTITUCIONAL **EM TORNO** DE ATOS PARTIDÁRIOS "*INTERNA CORPORIS*" - **COMPETÊNCIA NORMATIVA** DO TRIBUNAL SUPERIOR ELEITORAL - **O INSTITUTO DA** "***CONSULTA***" NO ÂMBITO DA JUSTIÇA ELEITORAL**: NATUREZA E EFEITOS JURÍDICOS** - **POSSIBILIDADE** DE O TRIBUNAL SUPERIOR ELEITORAL, **EM RESPOSTA** À CONSULTA, **NELA EXAMINAR** TESE JURÍDICA **EM FACE** DA CONSTITUIÇÃO DA REPÚBLICA - **CONSULTA/ TSE N° 1.398/DF - FIDELIDADE PARTIDÁRIA - A ESSENCIALIDADE DOS PARTIDOS POLÍTICOS NO PROCESSO DE PODER - MANDATO ELETIVO - VÍNCULO PARTIDÁRIO E VÍNCULO POPULAR - INFIDELIDADE PARTIDÁRIA - CAUSA GERADORA DO DIREITO DE A AGREMIAÇÃO PARTIDÁRIA PREJUDICADA PRESERVAR A VAGA OBTIDA PELO SISTEMA PROPORCIONAL - HIPÓTESES EXCEPCIONAIS QUE LEGITIMAM** O ATO DE DESLIGAMENTO PARTIDÁRIO - **POSSIBILIDADE**, EM TAIS SITUAÇÕES, **DESDE** QUE CONFIGURADA A SUA OCORRÊNCIA, **DE O PARLAMENTAR**, NO ÂMBITO DE **PROCEDIMENTO** DE JUSTIFICAÇÃO **INSTAURADO** PERANTE A JUSTIÇA ELEITORAL, **MANTER** A INTEGRIDADE DO MANDATO LEGISLATIVO - **NECESSÁRIA OBSERVÂNCIA**, NO PROCEDIMENTO DE JUSTIFICAÇÃO, **DO PRINCÍPIO** DO "*DUE PROCESS OF LAW*" (**CF**, ART. 5º, **INCISOS** LIV **E** LV) - **APLICAÇÃO ANALÓGICA** DOS ARTS. 3º **A** 7º DA LEI COMPLEMENTAR Nº 64/90 **AO REFERIDO** PROCEDIMENTO DE JUSTIFICAÇÃO - **ADMISSIBILIDADE DE EDIÇÃO**, PELO TRIBUNAL SUPERIOR ELEITORAL, **DE RESOLUÇÃO QUE REGULAMENTE O PROCEDIMENTO DE JUSTIFICAÇÃO - MARCO INICIAL DA EFICÁCIA DO PRONUNCIAMENTO DESTA**

SUPREMA CORTE NA MATÉRIA: DATA EM QUE O TRIBUNAL SUPERIOR ELEITORAL APRECIOU A CONSULTA Nº 1.398/DF - OBEDIÊNCIA AO POSTULADO DA SEGURANÇA JURÍDICA - A SUBSISTÊNCIA

DOS ATOS ADMINISTRATIVOS **E** LEGISLATIVOS **PRATICADOS** PELOS PARLAMENTARES INFIÉIS: **CONSEQÜÊNCIA DA APLICAÇÃO DA TEORIA DA INVESTIDURA APARENTE - O PAPEL** DO SUPREMO TRIBUNAL FEDERAL **NO EXERCÍCIO** DA JURISDIÇÃO CONSTITUCIONAL **E A RESPONSABILIDADE** POLÍTICO-JURÍDICA QUE LHE INCUMBE **NO PROCESSO** DE VALORIZAÇÃO **DA FORÇA NORMATIVA** DA CONSTITUIÇÃO - **O MONOPÓLIO** DA "*ÚLTIMA PALAVRA*", PELA SUPREMA CORTE, **EM MATÉRIA** DE INTERPRETAÇÃO CONSTITUCIONAL - **MANDADO DE SEGURANÇA INDEFERIDO.**

PARTIDOS POLÍTICOS E ESTADO DEMOCRÁTICO DE DIREITO.

- **A Constituição da República, ao delinear** os mecanismos de atuação do regime democrático **e ao proclamar** os postulados básicos **concernentes** às instituições partidárias, **consagrou**, em seu texto, **o próprio estatuto jurídico dos partidos políticos**, definindo princípios, que, **revestidos** de estatura jurídica incontrastável, **fixam** diretrizes normativas **e instituem** vetores condicionantes da organização e funcionamento das agremiações partidárias. **Precedentes.**

- **A normação constitucional** dos partidos políticos - **que concorrem** para a formação da vontade política do povo - **tem por objetivo** regular **e** disciplinar, em seus aspectos gerais, **não só** o processo de institucionalização desses corpos intermediários, **como também assegurar** o acesso dos cidadãos ao exercício do poder estatal, **na medida em que pertence** às agremiações partidárias - **e somente a estas** - **o monopólio das candidaturas** aos cargos eletivos.

- **A essencialidade** dos partidos políticos, no Estado de Direito, **tanto** mais se acentua **quando** se tem em consideração **que representam eles** um instrumento decisivo **na concretização** do princípio democrático **e exprimem**, na perspectiva do contexto histórico que conduziu à sua formação e institucionalização, **um dos meios fundamentais no processo de legitimação** do poder estatal, **na exata medida** em que o Povo - fonte **de que emana** a soberania nacional - **tem, nessas agremiações, o veículo necessário** ao desempenho das funções de regência política do Estado.

As agremiações partidárias, **como corpos intermediários que são**, posicionando-se **entre** a sociedade civil **e** a sociedade política, **atuam** como canais institucionalizados de expressão dos anseios políticos **e** das reivindicações sociais **dos diversos** estratos e correntes de pensamento que se manifestam no seio da comunhão nacional.

A NATUREZA PARTIDÁRIA DO MANDATO REPRESENTATIVO TRADUZ EMANAÇÃO DA NORMA CONSTITUCIONAL QUE PREVÊ O "*SISTEMA PROPORCIONAL*".

- **O mandato representativo não constitui** projeção de um direito pessoal **titularizado** pelo parlamentar eleito, **mas representa**, ao contrário, **expressão que deriva** da indispensável vinculação do candidato ao partido político, cuja titularidade sobre as vagas conquistadas no processo eleitoral **resulta** de "*fundamento constitucional autônomo*", **identificável tanto** no art. 14, § 3º, **inciso** V (**que define** a filiação partidária como condição de elegibilidade) **quanto** no art. 45, "*caput*" (**que consagra** o "*sistema proporcional*"), da Constituição da República.

- **O sistema eleitoral proporcional:** um modelo **mais** adequado ao exercício **democrático** do poder, **especialmente** porque **assegura**, às minorias, **o direito** de representação **e viabiliza**, às correntes políticas, **o exercício** do direito de oposição parlamentar. **Doutrina.**

- **A ruptura** dos vínculos de caráter partidário **e** de índole popular, **provocada** por atos de infidelidade do representante eleito (infidelidade ao partido **e** infidelidade ao povo), **subverte** o sentido das instituições, **ofende** o senso de responsabilidade política, **traduz** gesto de deslealdade para com as agremiações partidárias de origem, **compromete** o modelo de representação popular **e frauda**, de modo acintoso **e** reprovável, a vontade soberana dos cidadãos eleitores, **introduzindo** fatores de desestabilização na prática do poder **e gerando**, como imediato efeito perverso, **a deformação** da ética de governo, **com projeção vulneradora** sobre a própria razão de ser **e** os fins visados **pelo sistema eleitoral proporcional**, **tal como** previsto **e** consagrado pela Constituição da República.

A INFIDELIDADE PARTIDÁRIA COMO GESTO DE DESRESPEITO AO POSTULADO DEMOCRÁTICO.

- **A exigência** de fidelidade partidária **traduz e reflete** valor constitucional **impregnado** de elevada significação político- -jurídica, **cuja observância**, pelos detentores de mandato legislativo, **representa expressão** de respeito **tanto** aos cidadãos que os elegeram (**vínculo popular**) **quanto** aos partidos políticos que lhes propiciaram a candidatura (**vínculo partidário**).

- **O ato** de infidelidade, **seja** ao partido político, **seja**, com maior razão, **ao próprio** cidadão-eleitor, **constitui** grave desvio ético-político, **além de representar** inadmissível ultraje ao princípio democrático **e** ao exercício legítimo do poder, **na medida** em que migrações inesperadas, **nem** sempre motivadas por **justas** razões, **não só surpreendem** o próprio corpo eleitoral **e** as agremiações partidárias de origem – **desfalcando-as** da representatividade por elas conquistada nas urnas -, **mas culminam** por gerar **um arbitrário** desequilíbrio de forças no Parlamento, **vindo**, até, **em clara fraude** à vontade popular **e em frontal transgressão** ao sistema eleitoral proporcional, **a asfixiar**, **em face** de súbita redução numérica, **o exercício pleno** da oposição política.

A prática da infidelidade partidária, **cometida** por detentores de mandato parlamentar, **por implicar** violação ao sistema proporcional, **mutila** o direito das minorias **que atuam** no âmbito social, **privando-as** de representatividade nos corpos legislativos, **e ofende** direitos essenciais – **notadamente** o direito de oposição – **que derivam** dos fundamentos que dão suporte legitimador ao próprio Estado Democrático de Direito, **tais como** a soberania popular, a cidadania **e** o pluralismo político (**CF**, art. 1º, I, II **e** V).

- **A repulsa jurisdicional** à infidelidade partidária, **além de prestigiar** um valor **eminentemente** constitucional (**CF**, art. 17, § 1º, "*in fine*"), (**a**) **preserva** a legitimidade do processo eleitoral, (**b**) **faz respeitar** a vontade soberana do cidadão, (**c**) **impede** a deformação do modelo de representação popular, (**d**) **assegura** a finalidade do sistema eleitoral proporcional, (**e**) **valoriza e fortalece** as organizações partidárias **e** (**f**) **confere primazia** à fidelidade que o Deputado eleito **deve observar** em relação ao corpo eleitoral **e** ao próprio partido sob cuja legenda disputou as eleições.

HIPÓTESES EM QUE SE LEGITIMA, EXCEPCIONALMENTE, O VOLUNTÁRIO DESLIGAMENTO PARTIDÁRIO.

- **O parlamentar, não obstante** faça cessar, **por sua própria iniciativa**, os vínculos que o uniam ao partido sob cuja legenda foi eleito, **tem o direito** de preservar o mandato que lhe foi conferido, **se** e **quando** ocorrerem situações **excepcionais** que justifiquem esse **voluntário** desligamento partidário, **como**, p. ex., **nos casos** em que se demonstre "***a existência** de mudança significativa de orientação programática do partido*" **ou** "***em caso de comprovada** persegui-ção política **dentro** do partido que abandonou*" (**Min. Cezar Peluso**).

A INSTAURAÇÃO, PERANTE A JUSTIÇA ELEITORAL, DE PROCEDIMENTO DE JUSTIFICAÇÃO.

- **O Tribunal Superior Eleitoral**, no exercício da competência **normativa** que lhe é atribuída pelo ordenamento positivo, **pode**, **validamente**, **editar** resolução **destinada** a disciplinar **o procedimento** de justificação, **instaurável** perante órgão **competente** da Justiça Eleitoral, **em ordem** a estruturar, de modo formal, **as fases rituais** desse mesmo procedimento, **valendo-se**, para tanto, **se** assim o entender pertinente, **e para colmatar** a lacuna normativa existente, da "*analogia legis*", **mediante** aplicação, **no que couber**, das normas inscritas nos arts. 3º **a** 7º da Lei Complementar nº 64/90.

- Com esse **procedimento** de justificação, **assegura-se**, ao partido político **e** ao parlamentar que dele se desliga voluntariamente, **a possibilidade** de demonstrar, **com ampla** dilação probatória, **perante** a própria Justiça Eleitoral – **e com pleno** respeito ao direito de defesa (**CF**, art. 5º, **inciso** LV) -, **a ocorrência**, ou não, **de situações excepcionais** legitimadoras do desligamento partidário do parlamentar eleito (**Consulta** TSE nº 1.398/DF), para que se possa, **se** e **quando** for o caso, **submeter**, ao Presidente da Casa legislativa, **o requerimento de preservação** da vaga obtida nas eleições proporcionais.

INFIDELIDADE PARTIDÁRIA E LEGITIMIDADE DOS ATOS LEGISLATIVOS PRATICADOS PELO PARLAMENTAR INFIEL.

A desfiliação partidária do candidato eleito **e a sua filiação** a partido **diverso** daquele sob cuja legenda se elegeu, **ocorridas sem** justo motivo, **assim**

reconhecido por órgão competente da Justiça Eleitoral, **embora configurando** atos de transgressão à fidelidade partidária – **o que permite**, ao partido político prejudicado, **preservar** a vaga **até então** ocupada pelo parlamentar infiel -, **não** geram **nem** provocam **a invalidação** dos atos legislativos **e** administrativos, para cuja formação **concorreu**, com a integração de sua vontade, esse mesmo parlamentar. **Aplicação**, ao caso, **da teoria** da investidura funcional aparente. **Doutrina. Precedentes.**

REVISÃO JURISPRUDENCIAL E SEGURANÇA JURÍDICA: A INDICAÇÃO DE MARCO TEMPORAL DEFINIDOR DO MOMENTO INICIAL DE EFICÁCIA DA NOVA ORIENTAÇÃO PRETORIANA.

- **Os precedentes** firmados pelo Supremo Tribunal Federal **desempenham** múltiplas **e** relevantes funções no sistema jurídico, **pois lhes cabe conferir previsibilidade** às futuras decisões judiciais nas matérias por eles abrangidas, **atribuir estabilidade** às relações jurídicas constituídas sob a sua égide **e** em decorrência deles, **gerar certeza** quanto à validade dos efeitos decorrentes de atos praticados **de acordo** com esses mesmos precedentes **e preservar**, assim, **em respeito** à ética do Direito, **a confiança** dos cidadãos nas ações do Estado.

- **Os postulados** da segurança jurídica **e** da proteção da confiança, **enquanto** expressões do Estado Democrático de Direito, **mostram-se impregnados** de elevado conteúdo ético, social **e** jurídico, **projetando-se** sobre as relações jurídicas, **inclusive** as de direito público, **sempre** que se registre alteração **substancial** de diretrizes hermenêuticas, **impondo- se** à observância **de qualquer** dos Poderes do Estado **e**, desse modo, **permitindo** preservar situações **já consolidadas** no passado **e anteriores** aos marcos temporais **definidos** pelo próprio Tribunal. **Doutrina. Precedentes.**

- **A ruptura** de paradigma **resultante** de **substancial** revisão de padrões jurisprudenciais, **com o reconhecimento do caráter partidário** do mandato eletivo proporcional, **impõe**, **em respeito à exigência** de segurança jurídica **e ao princípio** da proteção da confiança dos cidadãos, **que se defina** o momento **a partir** do qual terá aplicabilidade **a nova** diretriz hermenêutica.

- **Marco temporal** que o Supremo Tribunal Federal **definiu** na matéria ora em julgamento**: data** em que o Tribunal Superior Eleitoral **apreciou** a Consulta nº 1.398/DF (**27/03/2007**) **e**, nela, **respondeu**, **em tese**, **à indagação** que lhe foi submetida.

A FORÇA NORMATIVA DA CONSTITUIÇÃO E O *MONOPÓLIO DA ÚLTIMA PALAVRA*, PELO SUPREMO TRIBUNAL FEDERAL, EM MATÉRIA DE INTERPRETAÇÃO CONSTITUCIONAL.

- **O exercício** da jurisdição constitucional, que **tem** por objetivo **preservar** a supremacia da Constituição, **põe em evidência** a dimensão **essencialmente** política **em que se projeta** a atividade institucional do Supremo Tribunal Federal, **pois**, no processo de indagação constitucional, **assenta-se** a magna prerrogativa **de decidir**, em última análise, sobre a própria **substância** do poder.

- **No poder de interpretar** a Lei Fundamental, **reside** a prerrogativa extraordinária de (**re**)formulá-la, **eis** que a interpretação judicial **acha-se compreendida** entre os *processos **informais** de mutação constitucional*, **a significar**, portanto, que "*A Constituição está em elaboração permanente nos Tribunais incumbidos de aplicá-la*". **Doutrina. Precedentes.**

- **A interpretação constitucional derivada** das decisões proferidas pelo Supremo Tribunal Federal – **a quem se atribuiu** a função eminente de "*guarda da Constituição*" (**CF**, art. 102, "*caput*") – **assume** papel **de fundamental** importância na organização institucional do Estado brasileiro, **a justificar** o reconhecimento de que o modelo político-jurídico **vigente** em nosso País **conferiu**, à Suprema Corte, a singular prerrogativa de dispor do *monopólio da última palavra* **em tema** de exegese das normas inscritas no texto da Lei Fundamental.

ANEXO D

Ementa do Mandado de Segurança n. 26.604 – STF, julgado em 04.10.2007.

EMENTA: DIREITO CONSTITUCIONAL E ELEITORAL. MANDADO DE SEGURANÇA IMPETRADO PELO PARTIDO DOS DEMOCRATAS - DEM CONTRA ATO DO PRESIDENTE DA CÂMARA DOS DEPUTADOS. NATUREZA JURÍDICA E EFEITOS DA DECISÃO DO TRIBUNAL SUPERIOR ELEITORAL - TSE NA CONSULTA N. 1.398/2007. NATUREZA E TITULARIDADE DO MANDATO LEGISLATIVO. OS PARTIDOS POLÍTICOS E OS ELEITOS NO SISTEMA REPRESENTATIVO PROPORCIONAL. FIDELIDADE PARTIDÁRIA. EFEITOS DA DESFILIAÇÃO PARTIDÁRIA PELO ELEITO: PERDA DO DIREITO DE CONTINUAR A EXERCER O MANDATO ELETIVO. DISTINÇÃO ENTRE SANÇÃO POR ILÍCITO E SACRIFÍCIO DO DIREITO POR PRÁTICA LÍCITA E JURIDICAMENTE CONSEQÜENTE. IMPERTINÊNCIA DA INVOCAÇÃO DO ART. 55 DA CONSTITUIÇÃO DA REPÚBLICA. DIREITO DO IMPETRANTE DE MANTER O NÚMERO DE CADEIRAS OBTIDAS NA CÂMARA DOS DEPUTADOS NAS ELEIÇÕES. DIREITO À AMPLA DEFESA DO PARLAMENTAR QUE SE DESFILIE DO PARTIDO POLÍTICO. PRINCÍPIO DA SEGURANÇA JURÍDICA E MODULAÇÃO DOS EFEITOS DA MUDANÇA DE ORIENTAÇÃO JURISPRUDENCIAL: MARCO TEMPORAL FIXADO EM 27.3.2007. MANDADO DE SEGURANÇA CONHECIDO E PARCIALMENTE CONCEDIDO.

1. Mandado de segurança contra ato do Presidente da Câmara dos Deputados. Vacância dos cargos de Deputado Federal dos litisconsortes passivos, Deputados Federais eleitos pelo partido Impetrante, e transferidos, por vontade própria, para outra agremiação no curso do mandato.

2. Preliminares de carência de interesse de agir, de legitimidade ativa do Impetrante e de ilegitimidade passiva do Partido do Movimento Democrático Brasileiro - PMDB: rejeição.

3. Resposta do TSE a consulta eleitoral não tem natureza jurisdicional nem efeito vinculante. Mandado de segurança impetrado contra ato concreto

praticado pelo Presidente da Câmara dos Deputados, sem relação de dependência necessária com a resposta à Consulta n. 1.398 do TSE.

4. O Código Eleitoral, recepcionado como lei material complementar na parte que disciplina a organização e a competência da Justiça Eleitoral (art. 121 da Constituição de 1988), estabelece, no inciso XII do art. 23, entre as competências privativas do Tribunal Superior Eleitoral - TSE "responder, sobre matéria eleitoral, às consultas que lhe forem feitas em tese por autoridade com jurisdição federal ou órgão nacional de partido político". A expressão "matéria eleitoral" garante ao TSE a titularidade da competência para se manifestar em todas as consultas que tenham como fundamento matéria eleitoral, independente do instrumento normativo no qual esteja incluído.

5. No Brasil, a eleição de deputados faz-se pelo sistema da representação proporcional, por lista aberta, uninominal. No sistema que acolhe - como se dá no Brasil desde a Constituição de 1934 - a representação proporcional para a eleição de deputados e vereadores, o eleitor exerce a sua liberdade de escolha apenas entre os candidatos registrados pelo partido político, sendo eles, portanto, seguidores necessários do programa partidário de sua opção. O destinatário do voto é o partido político viabilizador da candidatura por ele oferecida. O eleito vincula-se, necessariamente, a determinado partido político e tem em seu programa e ideário o norte de sua atuação, a ele se subordinando por força de lei (art. 24, da Lei n. 9.096/95). Não pode, então, o eleito afastar-se do que suposto pelo mandante – o eleitor -, com base na legislação vigente que determina ser exclusivamente partidária a escolha por ele feita. Injurídico é o descompromisso do eleito com o partido – o que se estende ao eleitor - pela ruptura da equação político-jurídica estabelecida.

6. A fidelidade partidária é corolário lógico-jurídico necessário do sistema constitucional vigente, sem necessidade de sua expressão literal. Sem ela não há atenção aos princípios obrigatórios que informam o ordenamento constitucional.

7. A desfiliação partidária como causa do afastamento do parlamentar do cargo no qual se investira não configura, expressamente, pela Constituição, hipótese de cassação de mandato. O desligamento do parlamentar do mandato,

em razão da ruptura, imotivada e assumida no exercício de sua liberdade pessoal, do vínculo partidário que assumira, no sistema de representação política proporcional, provoca o desprovimento automático do cargo. A licitude da desfiliação não é juridicamente inconseqüente, importando em sacrifício do direito pelo eleito, não sanção por ilícito, que não se dá na espécie.

8. É direito do partido político manter o número de cadeiras obtidas nas eleições proporcionais.

9. É garantido o direito à ampla defesa do parlamentar que se desfilie de partido político.

10. Razões de segurança jurídica, e que se impõem também na evolução jurisprudencial, determinam seja o cuidado novo sobre tema antigo pela jurisdição concebido como forma de certeza e não causa de sobressaltos para os cidadãos. Não tendo havido mudanças na legislação sobre o tema, tem-se reconhecido o direito de o Impetrante titularizar os mandatos por ele obtidos nas eleições de 2006, mas com modulação dos efeitos dessa decisão para que se produzam eles a partir da data da resposta do Tribunal Superior Eleitoral à Consulta n. 1.398/2007.

11. Mandado de segurança conhecido e parcialmente concedido.

Impressão e acabamento
psi7
psi7.com.br
book7
book7.com.br